Por dentro da sala de aula

INSTITUTO PHORTE EDUCAÇÃO
PHORTE EDITORA

Diretor-Presidente
Fabio Mazzonetto

Diretora-Executiva
Vânia M. V. Mazzonetto

Editor-Executivo
Tulio Loyelo

Por dentro da sala de aula
Conversando sobre a prática

Marcos Garcia Neira

2ª edição
Revisada e ampliada

São Paulo, 2010

Por dentro da sala de aula: conversando sobre a prática
Copyright © 2004, 2010 by Phorte Editora

Rua Treze de Maio, 596
CEP: 01327-000
Bela Vista – São Paulo – SP
Tel/fax: (11) 3141-1033
Site: www.phorte.com
E-mail: phorte@phorte.com

Nenhuma parte deste livro pode ser reproduzida ou transmitida de qualquer forma ou por quaisquer meios eletrônico, mecânico, fotocopiado, gravado ou outro, sem autorização prévia por escrito da Phorte Editora Ltda.

CIP-BRASIL. CATALOGAÇÃO-NA-FONTE
SINDICATO NACIONAL DOS EDITORES DE LIVROS, RJ

N334p
2.ed.

Neira, Marcos Garcia, 1967-
    Por dentro da sala de aula: conversando sobre a prática / Marcos Garcia Neira. - 2.ed. - São Paulo: Phorte, 2010.
    192p.: il.

    Inclui bibliografia
    ISBN 978-85-7655-274-1

    1. Professores - Formação. 2. Prática de ensino. I. Título.

10-1781.   CDD: 370.71
                                 CDU: 37.02

22.04.10   05.05.10   018796

Impresso no Brasil
Printed in Brazil

Apresentação da segunda edição

A segunda edição do livro *Por dentro da sala de aula* mantém o convite a todos os profissionais ou estudantes envolvidos com a educação para que prossigam na análise do cotidiano pedagógico, tendo em vista a transformação do olhar. Desta feita, alguns dos temas discutidos foram ampliados, considerando os debates contemporâneos da literatura educacional.

A escola de hoje é bem diferente daquela na qual estudamos. Apesar disso, muitas vezes nos comportamos como nossos professores, repetindo cacoetes, falas, posturas e atividades. Submetemos os alunos de hoje a tudo aquilo que não suportávamos. Proporcionar uma melhor compreensão das exigências demandadas por essa *outra escola* com *outros alunos* e no contexto de *outra sociedade*, é o que pretendemos com os textos que, escritos separadamente para subsidiar as aulas das disciplinas sob nossa responsabilidade na Faculdade de Educação da Universidade de São Paulo, apresentam-se, agora, em formato de livro.

A experiência enquanto professor da Educação Básica nas redes pública e privada de ensino seguida da reflexão teórica e a frequência à escola para realização de pesquisas permitiram refletir sobre os problemas que afligem o cotidiano da maioria das salas de aula e propor encaminhamentos. Procurando favorecer uma aproximação dos universitários com a realidade escolar, propositadamente a linguagem acadêmica diluiu-se em um tom quase coloquial.

Portanto, caro leitor, não espere um sofisticado aprofundamento epistemológico. As páginas a seguir procuram traduzir aspectos rudes do intrincado enredo escolar em poucos parágrafos. Mesmo correndo o risco de parecer superficial, a ousadia da publicação se justifica pelo desejo de introduzir jovens espíritos no debate pedagógico. A leitura de cada capítulo disponibilizará, em certa medida, os componentes fundamentais para uma discussão nos momentos de formação inicial ou contínua de educadores. Um aspecto que talvez some pontos a favor desta obra seja a atualidade da abordagem: ensinar no terceiro milênio, numa sociedade pós-industrial e numa escola que se pretende democrática.

Visando a fornecer um pano de fundo histórico e social de tudo o que acontece na sala de aula, o capítulo intitulado "Tendências pedagógicas" retoma algumas das principais teorias de ensino e busca relacioná-las aos contextos sociais que lhes deram guarida. Nesse sentido, "Os desafios da escola contemporânea" mereceu um tratamento especial, por colocar o leitor na posição do professor que se defronta com uma sala de aula organizada pela lógica da inclusão, em vez da exclusão.

O capítulo seguinte, intitulado "A função social da escola", procurará situar o professor em meio a um terrível duelo: por um lado, fortes tendências obrigam-no a ensinar valores e atitudes que contribuem apenas para a manutenção do quadro social e, por outro, o apelo da sua própria razão de ser: formar pessoas para transformar e melhorar as condições em que vivemos.

A partir daí, é fácil inferir que "Currículo" é justamente o espaço em que pretendemos articular os anseios e as demandas da sociedade com tudo o que acontece no interior da escola. Como regra geral, as atividades desenvolvidas ao longo do currículo estão vinculadas às concepções de homem, mulher e mundo que possuímos e desejamos.

No entanto, a tarefa pedagógica se concretiza por meio de uma prática social bastante específica, caracterizada, sobretudo, pela intenção de promover "A construção de conhecimentos na sala de aula". É por isso que o "Planejamento das ações didáticas deixa" o gabinete e transforma-se em objeto de estudo e discussão. A criticada concepção burocrática é deixada de lado, e ganham visibilidade alguns exemplos devidamente fundamentados.

A prática pedagógica, em razão da grande importância e das dúvidas e questionamentos que vem suscitando nos últimos tempos, foi o foco da nossa atenção em dois diferentes capítulos: "A prática pedagógica de inspiração construtivista" e "A Pedagogia crítica". Afinal, a liberdade de ideias pedagógicas é um dos alicerces da escola democrática. Diante disso, cada um dos textos oferece diferentes recursos teóricos para sustentação da ação didática, cabendo à instituição educativa debater e decidir coletivamente pelos caminhos que pretende seguir.

Finalizando a obra, "A formação docente" é colocada no centro dos debates. Neste capítulo, procuramos situar a profissão docente numa esfera científica e comprometida com o processo de apropriação e reflexão cultural coletivas. Recuperando algumas das mais importantes descobertas sobre o tema, foram equacionadas as questões que envolvem a aprendizagem dos professores e a modificação das práticas pedagógicas. Os argumentos apresentados oferecem subsídios para a organização de eventos formativos dentro ou fora da escola, mas sempre a partir do cotidiano vivido por professores e alunos.

O livro que agora tem em mãos, amigo leitor, foi escrito na sala de aula, olhando para os alunos, ouvindo suas ideias e sobre elas refletindo. Perderá sentido se for lido no silêncio, para consulta bibliográfica ou, simplesmente, para executar um trabalho acadêmico. Expusemos aqui nossos pontos de vista sobre a educação. Leve-os até os colegas de estudo ou trabalho, discuta com eles e chegue às suas próprias conclusões.

Marcos Garcia Neira

São Paulo, 2010

Sumário

1 Tendências pedagógicas	11
2 Os desafios da escola contemporânea	29
3 A função social da escola	43
4 Currículo	65
5 A construção de conhecimentos na sala de aula	81
6 Planejamento das ações didáticas	113
7 A prática pedagógica de inspiração construtivista	133
8 A Pedagogia crítica	145
9 A formação docente	165

1

Tendências pedagógicas

Tal temática abre-se a um vasto campo de discussões e reflexões. Optamos, no entanto, por uma abordagem limitada à retomada de algumas noções históricas e a um breve relato das passagens didáticas mais significativas da humanidade, ao menos no nosso entender.

Pretendemos desenvolver a ideia de que uma concepção de ensino surja e se estabeleça em meio à fertilidade proporcionada pelo contexto histórico, pelas relações sociais e pela produção científica disponível.

Embora conheçamos situações formalizadas de ensino e aprendizagem desde a Grécia antiga, a ideia de Didática como tentativa de agrupamento dos conhecimentos científicos sobre a Pedagogia pode ser atribuída a Comênio, no século XVII, o que permitiu revelar, desde então, seu caráter revolucionário mediante a contestação do ensino propagado pela Igreja Católica.

Quanto a isso, podemos mencionar como exemplo o Brasil, onde os jesuítas atuaram de forma predominante durante grande parte do período colonial. No contexto de uma sociedade de economia dependente da agroexportação, explorada pela metrópole, a educação não era considerada um valor social importante. A tarefa educativa voltou-se para a catequese e a instrução dos indígenas, reservando à elite colonial outro modelo de educação.

O plano de instrução, consubstanciado no *Ratio Studiorum*, cujo ideal era a formação do homem universal e cristão, visava ao ensino humanista de cultura geral, enciclopédico e alheio à realidade da vida na colônia. Esses eram os alicerces da Pedagogia Tradicional na vertente religiosa, que, de acordo com Saviani (1983), é marcada por uma visão essencialista de homem, isto é, o homem constituído por uma essência universal imutável, considerado criação divina.

A ação pedagógica dos jesuítas foi marcada pelas formas dogmáticas de pensamento. No processo de ensino, privilegiava-se o exercício da memória e o desenvolvimento do raciocínio, dedicava-se atenção ao preparo dos padres-mestres, dando ênfase ao caráter e à formação psicológica para conhecimento de si mesmo e do aluno.

Dessa forma, não se poderia pensar em uma prática pedagógica, e muito menos em uma Didática que buscasse uma perspectiva transformadora na educação. Os pressupostos didáticos diluídos no *Ratio* enfocavam: instrumentos e regras metodológicas compreendendo o estudo privado, em que o mestre prescrevia o método de estudo, o conteúdo e o horário; as aulas, ministradas de forma expositiva; a repetição visando a memorizar e expor em aula; e o desafio, estimulando a competição. Os exames, orais e escritos, objetivavam tão somente avaliar o aproveitamento do aluno.

Apesar de contar com o trabalho dos jesuítas, a fim de contribuir para manter as concepções de mundo predominantes até então, novas teorias sobre educação e ensino foram elaboradas para atender aos diferentes momentos do avanço capitalista na Europa e na América do Norte. As contribuições de Herbart, Rousseau, Pestalozzi e Froebel, entre outros, representam um pensamento, uma necessidade, um momento histórico. A diversidade de posições entre eles existe porque o homem, como agente social, ao produzir um conhecimento, uma explicação sistemática sobre o mundo, o faz a partir de determinada forma de compreender a relação entre a prática específica, que é objeto de sua investigação, e a prática social global que a fundamenta.

Nesse sentido, atenta ao crescimento da demanda, a sociedade capitalista produziu teorias pedagógicas voltadas para o desenvolvimento, na criança, da aptidão e do interesse individuais, necessários à manutenção das relações sociais que lhe davam sustentação, em detrimento do ideal de perfeição humana perseguido pela tendência pedagógica de cunho religioso e humanista.

Foi assim que a educação capitalista, no seu fazer, deslocou a ênfase em uma finalidade social mais ampla para uma finalidade mais específica. Ou seja, a escola secundarizou o que até então tinha sido sua função primordial, o desenvolvimento das potencialidades humanas, e passou a se preocupar com um processo de ensino focado no desenvolvimento da individualidade. Essa mudança de enfoque alterou o cotidiano escolar do ponto de vista da relação professor-aluno, dos meios e procedimentos utilizados, do conteúdo ensinado e gerou a produção de teorias pedagógicas direcionadas para a *arte de ensinar.* Daquela proposta didática do século XVII, duas linhas se destacam e estarão daí em diante em conflito. De um lado, a preocupação metodológica, que, fundamentada no que se conhecia sobre a natureza no século XVII ou sobre a Psicologia no começo do século XIX, acentua o aspecto externo e objetivo do processo de ensinar, embora o faça em nome do sujeito (criança, aluno, aprendiz) que se pretende ensinar de modo eficiente. Aqui se encontram Rousseau e Pestalozzi. A linha oposta parte do sujeito, de seus anseios e suas necessidades, acentuando a subjetividade do educando.

Após os jesuítas, não ocorreram no Brasil grandes movimentos pedagógicos, como também foram poucas as mudanças sociais na transição do Império para a Primeira República. A nova organização instituída pelo Marquês de Pombal, pedagogicamente, representou um retrocesso. Professores leigos foram admitidos para ministrar aulas régias introduzidas pela Reforma Pombalina.[1]

Para Castro (2003), à época da expansão cafeeira e da passagem do modelo econômico agroexportador para o urbano--comercial-exportador, o país viveu seu período de iluminismo. Tomaram corpo, cada vez mais, os movimentos de independência das influências religiosas. Ideias positivistas adentram a escola com a Reforma Benjamin Constant, quando se buscou disseminar uma visão capitalista de mundo e sociedade, a fim de garantir a consolidação da burguesia industrial como classe dominante.

---

[1] A Reforma Pombalina, entre outras ações, retirou o privilégio da educação formal das mãos dos jesuítas, em Portugal e nas colônias.

Nesse ambiente, o cotidiano da sala de aula foi invadido pela Pedagogia Tradicional na sua vertente leiga, que consistia: na manutenção da visão essencialista de homem, não mais como criação divina, mas aliada à natureza humana racional; na ênfase no ensino humanístico de cultura geral, centrado no professor, que transmite a todos os alunos indistintamente a verdade universal e enciclopédica e numa relação pedagógica que se desenvolve de forma hierarquizada e vertical, em que o aluno é educado para seguir atentamente a exposição do professor.

Aos professores, bastava dominar um conjunto de regras constituinte de orientações das condutas em sala de aula. A atividade docente era entendida como inteiramente autônoma em relação à política, ou seja, as questões educacionais encontravam-se dissociadas da sociedade mais ampla.

Com a constituição dos Estados Nacionais e a Modernidade, o ensino recebeu grande impulso. Além da valorização, o aumento do seu rendimento passou a ser desejado. A Educação foi vista como uma defesa dos interesses da criança, entendida como peça importante de uma nova sociedade, a sociedade reformada. O final do século XVIII foi o palco de grandes revoluções, em que o Feudalismo e a Monarquia Absoluta receberam seu golpe mortal.

O ensino no século XIX oscilou entre dois modos de interpretar a relação didática: a ênfase no sujeito – que seria induzido, talvez *seduzido* a aprender pelo caminho com curiosidade e motivação – e a ênfase no método, como caminho que conduz do não saber ao saber, caminho formal descoberto pela razão humana. Aqui encontramos, sobretudo, os educadores escolanovistas.

A lenta descoberta da natureza da criança que a Psicologia do final do século XIX começou a desvendar suscitou uma atenção maior aos aspectos interno e subjetivo do processo didático. Numa relação que só pode ser plenamente compreendida como de reciprocidade, uma nova onda de pensamento e ação fez o pêndulo oscilar para o lado do sujeito da educação.

Esse movimento doutrinário e ideológico caracterizou-se por sua denominação mais comum: Escola Nova, também conhecida como Renovada, Ativa ou Progressista, conforme as vertentes de sua atuação. Contrapõe-se, pois, a concepções consideradas antigas, tradicionais, voltadas para o passado (Libâneo, 1991).

No Brasil, o período situado entre 1930 e 1945 é marcado, surpreendentemente, pelo equilíbrio entre as influências da concepção humanista tradicional (representada pelos católicos) e da humanista moderna (representada pelos pioneiros). Para Saviani (1983), a concepção humanista moderna baseia-se em uma visão de homem centrada na existência, na vida, na atividade. Há predomínio do aspecto psicológico sobre o lógico. O escolanovismo propõe um novo tipo de homem, defende os princípios democráticos, isto é, todos têm direito de se desenvolver. No entanto, isso é feito em uma sociedade dividida em classes, com diferenças evidentes.

A característica mais marcante do escolanovismo é a valorização da criança, vista como ser dotado de poderes individuais, cuja liberdade, iniciativa, autonomia e interesses devem ser respeitados. O movimento escolanovista preconizava a solução de problemas educacionais em uma perspectiva interna da escola, sem considerar a realidade brasileira nos seus aspectos político, econômico e social. O problema educacional passa a ser uma questão escolar e técnica. A ênfase recai sobre o ensinar bem, mesmo uma minoria.

Em razão da predominância da influência da Pedagogia Nova na legislação educacional e nos cursos de formação do Magistério, o professor absorveu o seu ideário. Consequentemente, nesse momento, a prática pedagógica também foi influenciada, passando a acentuar o caráter prático-técnico do processo ensino-aprendizagem, onde teoria e prática são justapostas.

Candau (1984) destaca que os métodos e técnicas mais difundidos pela Educação Renovada foram os centros de interesse, o estudo dirigido, as unidades didáticas, o método dos projetos, as fichas didáticas, o contrato de ensino etc. Assim, o ensino é entendido como um conjunto de ideias e métodos, privilegiando a dimensão técnica do processo, fundamentada nos pressupostos psicológicos, psicopedagógicos e experimentais, cientificamente validados na experiência e constituídos em teoria, ignorando o contexto sociopolítico-histórico.

Tanto em relação à Europa como aos Estados Unidos, podemos mencionar a tendência da Psicopedagogia com a Medicina Pedagógica, tendo sua base psicológica predominantemente funcionalista, mas afastando-se tanto do pragmatismo americano quanto das influências do associacionismo.

Assentado nesses pressupostos, o movimento escolanovista objetivava a superação do cunho discriminatório da escola de então, na qual o aluno que não acompanhasse o ensino era desqualificado, evidenciando um caráter essencialista de incapacidade mental. Defendia também a educação obrigatória, laica, gratuita, a coeducação dos sexos e atribuição de Estado. Entre as suas preocupações, descreve Aranha (2006), constava a necessidade de valorizar as crianças, compreendendo seus comportamentos por meio da Biologia, da Psicologia Social, da Psicologia Evolutiva, da Sociologia e da Filosofia.

O mundo ocidental estava no caminho do que se convencionou chamar de Estado representativo, seja na forma de Monarquia Constitucional ou na de República. O pressuposto era a igualdade entre os homens, e a educação política do povo só seria permitida mediante princípios liberais. Quanto ao modelo socialista que se desenvolveu a partir do primeiro quarto do século XX, sua própria necessidade de reorganização política impunha um esforço educacional, o que suscitou desconfianças do escolanovismo.

Não é mera coincidência que a era do liberalismo e do capitalismo, da industrialização e da urbanização tenha exigido novos rumos da prática escolar. Na burguesia dominante e enriquecida, a Escola Nova encontrou ressonância para seus ideais de liberdade e atividade. É preciso considerar, no entanto, que já se iniciavam as novas doutrinas socialistas que ao final do século seriam progressivamente dominadas pelo marxismo. Na prática, o século XX presenciou o despontar dos poderes públicos com relação à escola popular e os debates entre a escola laica e a confessional.

A partir daí, desenvolvem-se lutas ideológicas em torno da oposição entre escola particular e escola pública. A disseminação das ideias renovadoras ganha força com a metodologia de Montessori nas escolas católicas, a criação dos Ginásios Pluricurriculares e Vocacionais e a importação, por meio de acordos internacionais, de tecnologia educacional.

O ensino, nessa fase, também se inspirava no liberalismo e no pragmatismo, acentuando a predominância dos processos metodológicos em detrimento da própria aquisição de conhecimentos. A prática escolar prosseguia sem considerar o contexto político-social, intensificando o enfoque renovador-tecnicista na esteira do movimento escolanovista.

Com a implantação do regime militar, o modelo político--econômico fundamentava-se em um projeto desenvolvimentista que buscava acelerar o crescimento socioeconômico do Brasil. A educação desempenhava importante papel na preparação adequada dos recursos humanos necessários à incrementação do crescimento econômico e tecnológico da sociedade de acordo com uma concepção economicista.

Assistimos, nesse período, ao reforço político e econômico da tendência tecnicista. O pressuposto que embasou essa Pedagogia baseava-se na neutralidade científica, inspirada nos princípios de racionalidade, eficiência e produtividade. Buscou-se a objetivação do trabalho pedagógico em semelhança à lógica do trabalho fabril. Instalou-se na escola a divisão do trabalho sob a justificativa de produtividade, propiciando a fragmentação do processo e, com isso, acentuando as distâncias entre quem planeja e quem executa.

O ensino a partir dos pressupostos da Pedagogia Tecnicista procurava desenvolver uma alternativa não psicológica, situando-se no âmbito da tecnologia educacional, tendo como preocupação central angariar resultados positivos no que tange à aprendizagem dos alunos. Essa concepção, na opinião de Castro (2003), teve como pano de fundo uma perspectiva realmente ingênua da neutralidade científica.

No tecnicismo educacional a preocupação dos professores centrava-se na organização racional do processo de ensino, isto é, no planejamento didático formal, na elaboração de materiais institucionais e nos livros didáticos descartáveis. O processo definia o que professores e alunos deveriam fazer, quando e como. O professor tornou-se mero executor de objetivos instrucionais, de estratégias de ensino e avaliação. Acentuou-se o formalismo didático por meio dos planos elaborados segundo normas prefixadas. A prática pedagógica foi concebida simplesmente como estratégia para o alcance dos produtos previstos.

A partir da década de 1980, época do início da abertura democrática, surgiram estudos empenhados em fazer a crítica da educação dominante, evidenciando as funções reais da política educacional, acobertada pelo discurso político-pedagógico oficial. Tais estudos, agrupados por Libâneo (1994), foram denominados teorias crítico-reprodutivistas, e, apesar de considerarem a educação por seus aspectos sociais, concluíram que sua função primordial consistia na reprodução das condições sociais vigentes. Sua maior contribuição foi denunciar o caráter reprodutor da escola, onde predominaram os aspectos políticos, em detrimento das questões didático-pedagógicas.

Alguns setores educacionais incorporaram o discurso reprodutivista e passaram a problematizar a ideologia que impregnava os conteúdos anteriormente considerados neutros. Para Candau (1988), a Pedagogia assumiu um papel sociológico, filosófico e histórico, secundarizando sua dimensão técnica e comprometendo, de certa forma, sua identidade, o que fez acentuar uma postura pessimista com relação à contribuição que a educação escolar poderia proporcionar à formação do educando.

Contudo, se a teoria crítico-reprodutivista contribuiu para acentuar uma postura de pessimismo, a atitude crítica passou a ser exigida pelos alunos, e os professores procuraram rever sua própria prática pedagógica a fim de torná-la mais coerente com a realidade sociocultural. A Pedagogia foi questionada, e os movimentos em torno de sua revisão apontam para a busca de novos rumos.

Simultaneamente, a luta operária ganha força, passando a se generalizar por outras categorias profissionais, entre elas os quadros do magistério. É nessa década de 1980 que os professores se empenham para a reconquista do direito e dever de participar na definição da política educacional e na luta pela recuperação da escola pública.

Com um enfoque popular bastante forte, cresce o movimento libertador na Pedagogia, afirmando que a Educação não está centrada no professor ou no aluno, mas na formação do homem. Gadotti (1992), entre outros, defende que a Educação está voltada para o ser humano e suas realizações na sociedade. No bojo de uma Pedagogia crítica, a educação se identifica com o processo de hominização, é o que se pode fazer pelo homem de amanhã. Nesse sentido, a escola se organiza como espaço de negação da dominação, e não como mero instrumento para reproduzir a estrutura social vigente. Agir no interior da escola é contribuir para transformar a própria sociedade.

O enfoque do ensino, de acordo com esses pressupostos, vai além dos métodos e técnicas, procurando associar escola e sociedade, teoria e prática, conteúdo e forma, técnico e político, ensino e pesquisa, professor e aluno. A ação educativa deve contribuir para ampliar a visão do professor quanto às perspectivas didático-pedagógicas mais coerentes com a realidade educacional brasileira e o contexto do aluno, promovendo-lhe conhecimentos para reagir à cultura massificadora. Algo possível mediante a análise das contradições entre o que se interpreta do mundo e o que é o cotidiano da sala de aula, sem esquecer que a escola encontra-se influenciada por um ideário pedagógico calcado nos princípios da teoria liberal e arraigado na prática de professores e alunos.

O ensino na Pedagogia crítica abrange o processo de politização do professor e do aluno, de modo que possam perceber a ideologia que inspirou a natureza dos conhecimentos os quais povoam o currículo. O que se busca é superar o intelectualismo formal de enfoque tradicional, evitar os efeitos do espontaneísmo escolanovista, combater a orientação desmobilizadora do tecnicismo e recuperar as tarefas especificamente pedagógicas, desprestigiadas a partir do discurso reprodutivista, buscando compreender e analisar a realidade social em que está inserida a escola.

É preciso um ensino que proponha mudanças no modo de pensar e agir no ambiente educativo e que tenha presente a necessidade de democratização das relações. É evidente que a escola, por si, não é condição suficiente para a formação de pessoas críticas. Não resta dúvida, entretanto, que a tomada de consciência e o desvelamento das contradições que permeiam a dinâmica da sala de aula são pontos de partida para a construção de uma Pedagogia crítica, contextualizada e socialmente comprometida com a formação do professor.

Recorrendo a Castro (2003), podemos dizer que, neste princípio de século, as teorias sobre o ensino oscilam, não há um paradigma, mas, talvez, paradigmas em conflito. Boa parte dessa situação decorre de uma espécie de confusão epistemológica.

Como vimos, o continente pedagógico acolhe diferentes conteúdos, em termos de tendências doutrinárias ou teóricas. Ou seja, algumas obras ou cursos de formação de professores privilegiam determinadas inflexões – sociológicas, psicológicas, filosóficas –, mas nem sempre as mesmas; interpretam o ensino de muitos modos. Há diferenças entre posições teóricas e diretrizes metodológicas ou tecnológicas. Condena-se o continente por seu conteúdo.

Tomar consciência da coexistência de diferentes tendências pode ser algo muito auspicioso para a comunidade educacional. Na verdade, a Pedagogia nunca foi monolítica. Veja-se, por exemplo, a necessidade de adjetivação adotada ao longo do tempo: didática renovada, ativa, nova, tradicional, experimental, psicológica, sociológica, filosófica, moderna, geral, especial etc. Muitas vezes a Pedagogia ficou obscurecida pela noção de método, quase sempre entendido como procedimentos a serem adotados pelo professor, e outras, pela relevância do sujeito-aluno, unilateralmente e individualmente, sem que se pudesse discernir a dialética professor-aluno que deve nortear as pesquisas sobre o processo.

É do debate em torno do conceito de Pedagogia que decorrem as inquietações do ensino na atualidade, considerado objeto de controvérsias teóricas que podem levar a disputa ao campo interdisciplinar do *currículo*, já que o conteúdo do ensino tanto pode ser problema didático quanto curricular, e outras vezes levar ao território inter-relacionado da Psicologia do Desenvolvimento ou da Aprendizagem, já que o êxito do processo de ensino, aquilo mesmo que justifica tentá-lo, é a aprendizagem. Quanto mais se aprofundam os debates, é certo, mais o problema das fronteiras ganha visibilidade. Não há como discutir uma tendência pedagógica sem responder a questões como "Por que ensinar?" e "Para que ensinar?". Com isso, chegamos aos limites da Filosofia da Educação, da Sociologia, da Política, pelo menos. A diversidade de campos teóricos que entrecruzam o terreno pedagógico de modo algum prejudica sua autonomia; pelo contrário, vem enriquecê-lo. Ensinar compreende o plano das relações humanas (ambiente escolar, acadêmico, político, entre outros), o aspecto técnico (saberes do currículo, da Pedagogia etc.) e todos os aspectos culturais da sociedade. É fácil entender que os limites da Pedagogia são bastante fluidos e que essa fluidez é qualidade, e não defeito, pois permite sua aproximação com conhecimentos de todos os tipos, guardada sempre sua dupla feição: teoria e prática.

O panorama atual não é simples. O ensino impregnou-se das inquietações da época e, entre as muitas frentes de pesquisa e exploração, ora requer auxílio da Psicologia profunda de origem freudiana, ora recorre às correntes neomarxistas (Castro, 2003), e, mais recentemente, constata-se a presença de influências teóricas que rompem com a visão dicotômica das teorias críticas. Sua presença, ainda bastante acanhada, inviabiliza, por enquanto, alternativas ao pêndulo que oscila entre uma tendência psicológica que acentua a relevância da compreensão da inteligência humana e sua construção e outra que se apoia na visão sociológica das relações escola-sociedade.

Em termos práticos, é certo que, na atualidade, as tendências pedagógicas em vigor procuram nutrir um processo educacional voltado ao desenvolvimento das múltiplas potencialidades humanas em sua riqueza e diversidade, tendo em vista o acesso às condições de produção do conhecimento e da cultura. Para tanto, têm de possibilitar, no plano individual, a capacidade de compreensão das relações do homem com a natureza, a cultura e a sociedade.

Isso requer o desenvolvimento da capacidade de observação, identificação, comparação, crítica, generalização e criação diante de informações ou fenômenos e experiências imediatas, de modo que permita a abstração, a construção e a apropriação de conceitos. Trata-se de possibilitar a construção da autonomia de homens e mulheres e do exercício da liberdade a partir de marcos éticos como a cooperação, a solidariedade e o respeito pelo ser humano, estes, sim, fundamentos básicos para a vida em grupo.

No plano social, a educação – o socializar, construir e reconstruir a cultura, enquanto patrimônio de todos os povos – contribui para que cada ser humano, ao se conceber como sujeito, assuma conscientemente a ideia e a prática da transformação, e não da adaptação às condições históricas estabelecidas sem qualquer chance de reflexão acerca do vivido e do conhecido.

Contudo, esse fato faz surgir uma grande dificuldade do ponto de vista dos professores que atuam em sala de aula: a viabilização de uma proposta de educação que atenda a esses pressupostos. O nó se dá na medida em que munidos de parcos instrumentos (a nossa experiência profissional) nos vemos diante da turma de alunos, com aquelas palavras em mente e sem saber ao certo o que ensinar para que uma vida melhor que a nossa, mais justa, mais democrática, mais igualitária, seja possível a todos.

Referências

ARANHA, M. L. A. *História de Educação*: Geral e Brasil. São Paulo: Moderna, 2006.

CANDAU, V. M. F. (org.). *A didática em questão*. Petrópolis: Vozes, 1984.

_____. *Rumo a uma nova didática*. Petrópolis: Vozes, 1988.

CASTRO, A. D. DE. A trajetória histórica da Didática. Disponível em: <http://www.crmariocovas.sp.gov.br/pdf/ideias_11_p015-025_c.pdf>. Acesso em 02 jan. 2003.

GADOTTI, M. *Escola cidadã*: uma aula sobre autonomia da escola. São Paulo: Cortez, 1992.

LIBÂNEO, J. C. A Didática e as tendências pedagógicas. In: TOZZI, D. et al. *A didática e a escola de 1º Grau*. São Paulo: FDE, 1991. (Série Idéias.)

_____. *Didática*. São Paulo: Cortez, 1994.

SAVIANI, D. *Escola e democracia*. São Paulo: Cortez, 1983.

2

Os desafios da escola contemporânea

Neste texto, nossa intenção é recordar que o professor de "ontem" é muito diferente do professor de "hoje" no que se refere às exigências que lhe eram e são feitas. O antigo professor atuava no contexto da lógica da exclusão, e suas competências de ensinar encontravam-se dissociadas de suas competências de aprender, ou seja, de sua necessidade de continuar se atualizando como profissional (Macedo, 2005). Hoje, espera-se que o professor ensine segundo a lógica da inclusão, o que implica considerar que ensinar e aprender constituem-se em ações indissociáveis.

Macedo (2005) afirma que o ensino de "ontem" pautava-se pela lógica da exclusão, mesmo na escola pública. Significa dizer que aquela escola se organizava pela pertinência de seus protagonistas aos critérios que a definiam. Os alunos, por exemplo, eram selecionados segundo certas características e continuavam na escola caso atendessem às exigências dos professores tanto em termos de aprendizagem escolar como de conduta. Os que não satisfaziam essas exigências eram pouco a pouco eliminados, seja pela reprovação, pela exclusão ou pelo abandono do próprio aluno diante de suas "insuficiências".

A lógica da exclusão se expressa, para o autor citado, pela composição ou manutenção de um agrupamento de pessoas ou coisas que possuam ou atendam o critério exigido para essa reunião. Estão fora os que não satisfazem o critério. Ou seja, essa lógica opera pelo *sim* ou pelo *não*, definida externamente pela reunião de pessoas e coisas equivalentes e substituíveis umas pelas outras. Muitas escolas ainda se orientam pelo raciocínio da exclusão quando, por exemplo, condicionam a permanência do aluno na escola, entre outros, à não utilização de drogas no contexto do estabelecimento, a ter um mínimo de aproveitamento escolar ou a não praticar certos atos considerados inconvenientes.

A escola organizada pela lógica da exclusão é seletiva e sustenta sua almejada excelência, ou seus objetivos curriculares, eliminando tudo o que contrariar tais propósitos. Nessa escola, por extensão, as competências de ensinar dos professores estão dissociadas das competências de aprender dos alunos. O ensino dos professores não está condicionado à aprendizagem dos alunos, daí ser possível a combinação: o professor ensina e o aluno não aprende. Não por acaso também, as formas de ensino ou aprendizagem estão dissociadas das formas de avaliação. Além disso, o professor é julgado pelo que sabe ou pelo que deveria saber para ensinar bem, e não pelo que deve aprender ou em que deve se aperfeiçoar, até porque aprender é problema dos alunos, e não do professor.

Na lógica da inclusão, cada vez mais exigida na escola de hoje, tudo se relaciona com tudo na precariedade, na complexidade e na ambivalência implicadas. Precariedade, porque é mais difícil controlar ou sustentar relações em que espaços, materiais e conhecimentos são limitados. Complexidade, porque não é possível dissociar ou decompor as partes que constituem o todo escolar com a simplicidade ou a redução praticadas pela lógica da exclusão. Ambivalência, porque as referências relacionais são sempre múltiplas, pois mudamos conforme mudam as referências, tudo, claro, ao mesmo tempo (Macedo, 2005). Agora o problema não é mais só de pertinência, mas de relevância. Agora o critério ordenador não é mais o sim ou o não, mas o onde (em qual posição) e o como, pois todos pertencem ao mesmo todo ou são partes dele na singularidade e na diversidade de suas formas de expressão. Como nos prepararmos para uma escola inclusiva? Quais as novas competências e habilidades necessárias para atuar nessa escola? Antes de tratar desse assunto, vamos insistir mais um pouco nas diferenças entre a escola de "ontem" e a de "hoje".

Sempre se esperaram ou se exigiram competências e habilidades dos professores. Na escola de "ontem" eles deveriam saber explicar bem os conteúdos e dar bons exercícios de fixação das matérias, ser exigentes com a disciplina dos alunos e avaliar os ganhos que estes acumulavam durante o período correspondente às aulas dadas sobre um assunto. Além disso, esses professores deveriam ser uma referência para os alunos em termos de respeito, honradez, assiduidade e dedicação ao trabalho. Esperava-se que os professores dominassem habilidades de exposição da matéria, domínio da classe e liderança. Convenhamos que todos esses saberes, na prática, são muito difíceis de realizar, exigem grande competência de seus protagonistas em termos de saber tomar decisões, mobilizar recursos (um deles, o conhecimento adquirido) e dominar esquemas em favor de objetivos tão importantes. Convenhamos também que esses saberes são eternos e valem, portanto, para a escola de hoje. O problema é como reorganizá-los em função das características da escola atual.

Os professores da escola de "ontem" dispunham, para o exercício de sua profissão, de recursos pedagógicos muito eficientes: a reprovação ou exclusão dos alunos que não correspondessem minimamente ao oferecido ou exigido (Macedo, 2005). Por isso, os alunos que não fossem dóceis nem conseguissem aprender o mínimo esperado, pouco a pouco, seriam eliminados da escola. Os que sobrevivessem a essas provas fariam a alegria da família e da escola. A excelência era uma condição para o ensino do professor e para o ingresso e o percurso escolar dos alunos.

O cenário da escola de "hoje" apresenta novos desafios aos professores e torna insuficientes (mas não desnecessários) os saberes docentes desenvolvidos no contexto da escola anterior. No Brasil, esse cenário foi configurado, sobretudo, ao longo da década de 1990 e decorreu da aprovação de documentos como o Estatuto da Criança e do Adolescente; da Lei de Diretrizes e Bases da Educação Nacional, e das Diretrizes Curriculares do Ensino Fundamental e do Ensino Médio. A novidade mais importante é que agora a educação escolar é compulsória para todas as crianças, que têm o direito de entrar no sistema escolar correspondente à Educação Básica e percorrê-lo sem a ameaça da repetência ou da exclusão. A escola seletiva transformou-se em escola para todos. Como garantir não apenas o acesso à escola, mas igualmente um aproveitamento significativo, sem poder utilizar conhecidas estratégias de eliminação dos alunos com dificuldades de aprendizagem? Como não fazer da progressão continuada um pseudossucesso de hoje, correspondente ao pseudofracasso de ontem?

Diante das demandas que assolam a tarefa pedagógica, está claro que os saberes docentes tradicionais se tornaram insuficientes, pois, não podendo reprovar ou eliminar os alunos, o professor deve também aprender continuamente, ou seja, acesso e aprendizagem são considerados indissociáveis, complementares e irredutíveis. Macedo (2005) é explícito: antes, ensinar era problema do professor, e aprender, problema dos alunos. Ambos os domínios eram considerados, simultaneamente, de modo dissociado, independente ou subordinado. Dissociado, pois o professor poderia ensinar e os alunos poderiam não aprender. Independente, pois as atividades de ensino se desenvolviam em paralelo aos esforços dos alunos em aprender, de modo suficiente ou insuficiente, para as exigências dos professores. Subordinado, pois os alunos dependiam da aprovação do professor ou da instituição para prosseguirem seus estudos. Ora, quando ensino e aprendizagem tornam-se indissociáveis, as relações ficam mais complexas. Ensinar e aprender correspondem a atividades complementares, e uma é definida em função da outra: se o aluno não aprende é porque o professor não soube ou não pôde lhe ensinar. É claro que, mesmo nesse contexto, tais atividades são irredutíveis entre si, pois uma é da responsabilidade do professor, e outra, do aluno. Mas o fato de se tornarem indissociáveis, isto é, partes de um mesmo todo, traz novos problemas para ambos os lados.

Os documentos e leis mencionados garantem aos alunos seu direito de aprender na escola. Será que eles desejam aprender nessa escola, com esse professor? Será que eles podem aprender de modo significativo mantido o currículo, os recursos pedagógicos, o espaço e o tempo didáticos, o grande número de alunos em uma mesma sala? Está o professor preparado para ensinar todos levando em conta as características de suas famílias e de seus hábitos? Ele tem condições de praticar uma Pedagogia diferenciada, abrindo mão do mesmo livro, das mesmas aulas e provas, do mesmo discurso, como se as possibilidades e os interesses de aprendizagem dos alunos fossem equivalentes? Ele sabe pôr os procedimentos de avaliação a serviço da aprendizagem escolar? Ele sabe ou pode tornar inclusiva a educação compulsória, ou seja, tem condições de modificar as formas de ensino em favor de alunos tão diferentes? Ele sabe complementar a ênfase no ensino de conteúdos disciplinares com o desenvolvimento de competências de aprendizagem nos alunos? Um dos fatores fundamentais para a produção de boas respostas a todas essas questões está na valorização dos processos de aprendizagem dos próprios professores, ou seja, no investimento pessoal e institucional de seu aperfeiçoamento contínuo, segundo a criação ou produção de diferentes contextos de aprendizagem também para o professor, e não só ao aluno.

Os pontos enfatizados, de forma talvez insistente e redundante, lembram-nos as novas funções e o lugar da escola no mundo de hoje. Um mundo cada vez mais organizado pela tecnologia – resposta da ciência às necessidades construídas ou impostas ao nosso cotidiano – e que implica num tipo de relação com o saber diferente da forma tradicional praticada na escola. Para Macedo (2002), agora é fundamental um ensino e uma aprendizagem de natureza investigativa, ou seja, pautados por projetos ou enfrentamento de situações-problema para as quais as respostas conhecidas são insuficientes ou obsoletas. O papel do professor, nesse novo cenário, é também o de orientador, gestor e criador de situações ou tarefas de aprendizagem. Ou seja, não basta transmitir aquilo que o passado julga fundamental para o presente. Há que antecipar o que os alunos necessitarão amanhã, mesmo sabendo que as respostas serão logo insuficientes, pois as máquinas, os recursos e os problemas serão outros. Além disso, em uma escola ou educação que se quer para todos, formas padronizadas e comuns de ensino e avaliação são insuficientes. Como envolver a família e a comunidade nos problemas da escola, já que agora somos partes de um mesmo todo? Como convencer professores e profissionais de uma escola de que há problemas comuns, de que uma forma solidária e interdependente de convivência talvez seja mais eficiente que o antigo raciocínio da exclusão? Como tratar os segmentos escolares como partes complementares de um mesmo todo, ainda que cada qual com sua especificidade?

O atual contexto pedagógico tem levado os professores a uma nova necessidade. Os docentes verificam cotidianamente que somente uma adequação de suas práticas ao novo quadrante escolar surtirá os efeitos desejados por eles e pela sociedade mais ampla. Uma pesquisa realizada pela Secretaria de Educação do Estado de São Paulo revelou que a melhoria para as condições de aprendizagem docente e discente é o principal desejo expresso pelos professores (*O Estado de S. Paulo*, 21 de setembro de 2002, p. A 16). Questionados sobre como se poderia melhorar o ensino, 59% dos professores disseram que isso seria conseguido pelo aumento da oferta de capacitação; 30% valorizaram a melhoria de equipamentos e materiais pedagógicos e criação de salas de informática, TV, vídeo e laboratórios. Esses dados nos levam a perguntar: como aprendem os que ensinam? Como organizar, patrocinar e valorizar contextos de aprendizagem para os professores (e não só para os alunos)?

Queremos concluir este texto analisando, tal qual Pimenta (2004), a importância de se constituir contextos de aprendizagem ou desenvolvimento dos saberes docentes para a melhoria de sua prática, nos termos em que isso se coloca hoje. Tais contextos de aprendizagem para os professores são, no mínimo, os seguintes: a sala de aula (numa perspectiva de análise reflexiva), os centros ou recursos de formação continuada (numa perspectiva de estudos pedagógicos), a relação com colegas, pais e comunidade escolar (convívio democrático), a relação pessoal com livros, computador, leitura e escrita, a participação em palestras, cursos e seminários e a realização de pesquisas e projetos educacionais.

Os professores podem, querem ou sabem aprender com seus alunos, com os materiais e recursos pedagógicos e com as tarefas que realizam ou propõem em sala de aula? Esse lugar é um ambiente de aprendizagem para o professor? Como ele se relaciona com o desconhecido, o surpreendente, o não previsível, o não controlável, o não redutível a uma resposta pronta, cada vez mais comum na sala de aula? O que ele pode aprender com os alunos, ou que formas de enfrentamento de uma dada situação-problema pode compartilhar com eles? Como criar na sala de aula um clima de investigação, de trocas de experiências, de construção coletiva? Como organizar diferentes ambientes de aprendizagem, salas e agrupamentos de alunos diferenciados segundo diferentes critérios? Como manter um objetivo comum, respeitando os modos tão distintos de percurso dos alunos diante de suas limitações, seus interesses diversificados? Transformar a sala de aula em um laboratório ou contexto em que o professor é desafiado a desenvolver novas formas de ensino e aprendizagem é fundamental (Macedo, 2005). O professor que não se sente enriquecendo seu repertório de conhecimentos pedagógicos no contexto do seu trabalho, que não sabe dar um estatuto educacional para todos os conteúdos agora presentes na escola para todos (problemas cotidianos e convivência escolar, por exemplo) acabará desestimulado e insuficiente.

A formação continuada de professores em um contexto adequado para isso é, hoje, igualmente fundamental (Fusari, 1997). Como, quando e com quem realizar tal formação? Vincular a experiência pessoal do professor com a escola, a aprendizagem escolar e o sentido que isso tinha em sua família é, da mesma maneira, fundamental. O professor de hoje é o mesmo aluno de ontem e não se esquece de sua professora, de sua escola e do lugar que isso representava em sua família e em seus projetos futuros (Bueno et al., 1998). Pode ser que sua forma de atuar em sala de aula repita velhos padrões ou ressentimentos que nunca puderam ser ouvidos e analisados em um contexto apropriado para isso. Quais são as hipóteses, teorias ou pensamentos dos professores sobre escola, criança, dificuldades de aprendizagem, progressão continuada etc.? Não basta valorizar o direito das crianças de defender suas hipóteses de leitura, escrita ou aritmética, por exemplo. É importante que o professor também possa fazê-lo. Ainda hoje, o professor está restrito às definições disso ou daquilo segundo um grande autor, enquanto seu próprio conhecimento ou pensamento sobre as mesmas questões é algo desvalorizado, sem lugar ou mesmo ameaçador. Um professor pode, por exemplo, dizer o que pensa sobre temas sexuais, políticos, fazer críticas ou dar sugestões sem ter medo de perder o emprego ou ser prejudicado em sua posição na escola? O tempo que a instituição reserva para a formação continuada é suficiente? Quem são os formadores dos professores? Como foram escolhidos? O que fazem? A formação consiste na exposição de modelos externos, bem-sucedidos, ou o professor pode também refletir sobre sua prática, aprender com seus erros, pretender formas alternativas de ensino ou conduta pedagógica?

Os desafios da prática docente nos termos em que se define hoje supõem que o professor possa sair do isolamento e da solidão da sala de aula com seus alunos e compartilhar formas coletivas de enfrentamento de questões comuns. Ou seja, outro contexto de aprendizagem do professor é a própria comunidade escolar composta pelos colegas, pelos pais das crianças, pelos vizinhos e amigos da escola (Macedo, 2005). Como compartilhar experiências e participar de forma comunitária e solidária sobre questões das quais ninguém está fora ou não implicado? Como participar da proposição de projetos comuns e trabalhar em favor da melhor solução tanto de problemas ou questões negativas (roubo, violência, dificuldades de aprendizagem, falta de recursos) como de questões positivas e auspiciosas (uma festa, uma viagem, a compra de um novo computador, a reforma do banheiro)?

O aperfeiçoamento profissional é, igualmente, um projeto pessoal que implica uma relação do professor consigo mesmo, em termos de tempo, espaço e realização de tarefas, mesmo que feitas ou pensadas em função de outro. Estudar, escrever, fazer pesquisas na internet são formas pessoais de aperfeiçoamento. O professor tem ou se dá um tempo, um espaço e condições mínimas de estudo? O que escreve, quando e como? Que livros lê, qual a sua relação com a leitura, o que o aborrece, o que destaca em um texto, que literatura o interessa? Lê jornais, assiste a filmes, participa da vida cultural de sua cidade ou bairro? É uma pena que nem sempre, aquilo que nós, professores, oferecemos e promovemos em nossos alunos, possamos, saibamos ou queiramos oferecer para nós mesmos (Schön, 2000)!

Finalmente, outro contexto de aprendizagem importante para o aperfeiçoamento do professor é o da participação em palestras, seminários ou cursos de atualização, extensão ou aperfeiçoamento. Uma palestra, por exemplo, pode abrir questões, confirmar ideias ou propostas, renovar interesses, reunir colegas, estimular leituras e reflexões. É um tempo curto, mas que pode ser significativo. Seminários e cursos podem permitir trocas de experiências, estudos e reflexões, aprendizagem de novas estratégias ou procedimentos didáticos, podem estender e aprofundar os conhecimentos e as informações dos professores.

Referências

BUENO, B. et al. *A vida e o ofício dos professores*. São Paulo: Escrituras, 1998.

FUSARI, J. C. *Formação contínua de educadores*: um estudo de representações de Coordenadores Pedagógicos da Secretaria Municipal de Educação de São Paulo (Tese de doutorado) – Universidade de São Paulo, Faculdade de Educação, 1997.

MACEDO, L. DE. Desafios à prática reflexiva na escola. In: *Revista Pátio*, ano 6, n. 23, set./out. 2002.

_____. *Ensaios pedagógicos*: como construir uma escola para todos. Porto Alegre: Artmed, 2005.

PIMENTA, S. G. Formação de professores: saberes e docência na identidade. In: SÃO PAULO (ESTADO). SECRETARIA DA EDUCAÇÃO. *PEC Formação Universitária*: municípios: tema 1. São Paulo: SEE, 2004.

SCHÖN, D. *Educando o profissional reflexivo:* um novo design para o ensino e a aprendizagem. Porto Alegre: Artmed, 2000.

3

A função social da escola

É possível dizer que a educação, em sentido amplo, existiu desde sempre. A família e o grupo de iguais responsabilizavam-se por transmitir às gerações mais novas os conhecimentos necessários para a sobrevivência, seus ritos e práticas sociais. Por essa via, as crianças e os jovens aprendiam a caçar, pescar, cozinhar, rezar, cantar, falar etc. e, ao tornarem-se adultos, também transmitiam seus conhecimentos, reproduzindo o ciclo. A perpetuação dos saberes necessários à vida, garantida por essa via, gerava as condições para a continuidade de cada sociedade.

Dotados de herança cultural, os diversos grupos enfrentavam e resolviam os problemas que se apresentavam no tempo e no espaço, reconstruindo aquilo de que dispunham inicialmente e ampliando o patrimônio da humanidade. À dinâmica empreendida denominou-se progresso. De modo geral, lenta ou rapidamente, todos os grupos sociais apresentam percursos de educação e progresso. Sem qualquer intenção de aprofundar conceitos mais particulares ou seus efeitos, educação e progresso implicam na concepção de acúmulo dos conhecimentos produzidos que conduzem cada cultura a estágios diferentes dos anteriores com relação ao bem-estar social.

A mudança dos modos de produção de alguns grupos estimulou a diversificação das funções sociais dos membros de cada comunidade, assim como seu aumento populacional. Com o incremento da complexidade das sociedades, o acúmulo e as novas demandas de conhecimentos, surgiram, desde os primórdios da História, diferentes formas de transmissão dos conhecimentos, ocasionando a especialização e a seleção do que deveria ser ensinado, bem como quem seria privilegiado pelos processos de educação, e, por que não dizer, pela *condução* e pelo *usufruto* dos benefícios do progresso. A educação escolar foi uma maneira de corresponder ao que demandou a transformação social.

Todavia, a concepção de educação quando referida ao trabalho escolar necessita esclarecimento. Segundo Paro (2008), o senso comum tem concebido a educação como um encontro de indivíduos onde o primeiro, o professor, transmite conhecimentos ao segundo, o aluno. Em substituição a essa ideia corrente, o autor sugere a adoção de uma visão científica e rigorosa de educação. Num primeiro momento e de forma ampla, a educação escolar pode ser vista como apropriação, reconstrução e produção de cultura.

O termo cultura, na visão de Moreira e Candau (2007), refere-se à dimensão simbólica presente nos significados compartilhados por um determinado grupo. Concebe-se, assim, a cultura como prática social, não como coisa ou estado de ser. Coisas e eventos do mundo natural existem, mas não apresentam sentidos intrínsecos: os significados são atribuídos com base na linguagem. "Quando um grupo compartilha uma cultura, compartilha um conjunto de significados, construídos, ensinados e aprendidos nas práticas de utilização da linguagem" (p. 27). Todas as pessoas são sujeitos históricos inseridos em determinados grupos sociais, que pelo seu intermédio interagem de diversas maneiras, produzindo significados com base nas condições e percursos de vida, experiências de classe, etnia, gênero, local de moradia, ocupações profissionais, religião e demais marcadores que configuram uma comunidade específica.

A partir dessa noção de cultura, podemos afirmar que a atual configuração da escola (compulsória e democrática) não pode ser outra coisa senão o cenário onde diversas culturas entram em conflito, tendo em vista a veiculação de seus distintos significados. Qualquer estudante ou docente que adentre a escola no século XXI defrontar-se-á com produções simbólicas que ora lhes são familiares, ora lhes são estranhas. Atuar sobre elas ou com base nelas fará os significados inicialmente disponíveis serem reconstruídos, alcançando a produção de novas significações.

Essa situação, na opinião de Esteve (2004), não tem nenhum precedente. O que se vislumbra é o fim de um sistema educacional baseado na exclusão e a instauração de uma nova concepção de educação escolar ainda não avaliada em justa medida, porque todos fomos educados no sistema anterior e, na falta de outras referências, tendemos, inevitavelmente, a comparar os problemas atuais com situações anteriores, sem entender que a generalização do ensino para toda a população supõe uma mudança de objetivos, de formas de trabalho e da própria essência do sistema educacional.

Essa mudança radical nos sistemas educacionais, imposta pelas transformações sociais, explica por que motivo, apesar de contarmos com uma organização melhor, professores com formações mais longas, dotações financeiras e materiais impensáveis até pouco tempo atrás, predomina um sentimento de crise e uma desorientação generalizada entre os docentes, alunos e familiares, mediante a constatação de desvalorização do sistema educacional (Esteve, 2004). O autor desfaz esse paradoxo evitando julgar o novo sistema de ensino com a mentalidade e os critérios do antigo ensino seletivo, ou seja, supera a inclinação ainda presente a aplicar à situação atual os parâmetros do quadro anterior, no qual a Pedagogia da exclusão expulsava anualmente os alunos que não se enquadrassem.

Na perspectiva do autor, quando se critica o fracasso escolar de uma porcentagem dos estudantes, não se atenta para que sua escolarização é um êxito, porque, ainda que seu nível seja baixo, antes esses alunos sequer permaneciam na escola. Muitas vezes não se percebe que esses estudantes constituem a primeira geração que se escolariza em suas famílias, porque seus pais ou avós, quando tiveram acesso à escola, fizeram-no apenas pelo tempo suficiente para dela acumular lembranças negativas, aprender sobre sua própria incapacidade ou, diante disso, estabelecer uma cumplicidade ingênua com o sistema, acreditando que o modelo em que fracassaram seja o melhor para seus filhos. Dizem que o nível educacional está baixo, quando, na realidade, sobe tanto o nível geral da população quanto o nível individual dos alunos e alunas, como demonstram os dados oficiais.

É verdade, afirma Esteve (2004), que no sistema de ensino existem alunos com aprendizados bem aquém do desejado;

mesmo assim, é um êxito que estejam na escola, porque antes estavam de fora, e de qualquer maneira, o sistema de ensino tem proporcionado um percentual maior de alunos com níveis melhores do que aqueles dos melhores alunos do passado.

O elemento fundamental da mudança, a transformação mais substancial que permite falar de melhoria, no entendimento do autor, baseia-se no fato de que,

> pela primeira vez na história, a pedagogia da exclusão está sendo enfrentada e lentamente superada, pois, milhares de crianças que anteriormente eram eliminadas, hoje freqüentam as instituições educacionais e convivem com alunos de excelente nível. (p. 37)

Com base nos argumentos apresentados, podemos sugerir dois encaminhamentos possíveis, tendo em vista a construção de uma experiência escolar transformadora. O primeiro consiste em aceitar os ganhos da democratização do acesso à escola, mesmo que isso signifique a permanência de todos os alunos que, de forma insistente e cotidiana, se negam a aceitar passivamente a escolarização e tudo o que ela significa. O segundo passo é a construção de novos paradigmas para a educação, rompendo, principalmente, com a perspectiva da escola dual. Reitera-se que a incerteza que invade a escola é fruto da tentativa de manter seus propósitos anteriores em tempos em que os empregos, para os quais a escola de massa se voltava, sofrem uma crise estrutural sem precedentes na história. O resultado da escola prometida é a incerteza da precariedade dos trabalhos e a desvalorização dos diplomas fornecidos.

A escola democrática da contemporaneidade delineia-se como um campo onde os objetivos, currículos, conteúdos[1] e métodos anteriormente em vigor necessitam de revisão e superação para que a desejada convergência com o direito de todos à educação seja finalmente alcançada. Obviamente, esse quadro oferece novos desafios a serem enfrentados diariamente por todos os envolvidos na tarefa educativa. A reforma tão propagada não se fará sem compromisso coletivo e busca incessante por novas formas de conceber a prática pedagógica. Do mesmo modo, a sociedade precisa contestar certos mitos e suposições acerca da educação, principalmente aqueles que indicam que os fracassados na escola são os responsáveis pelas mazelas sociais ou pelo atraso no desenvolvimento da nação. Enquanto a escola estiver mitificada sob a luz da noção de igualdade e como grande agente equalizador das desvantagens sociais, apagando as condições nas quais opera, conforme denuncia McLaren (1997), será difícil encontrar maneiras para que os estudantes aprendam a utilizar os instrumentos para o controle de seu destino, em vez de estarem presos ao *status* social, reproduzindo ou, muitas vezes, produzindo as desigualdades e sua decorrente violência simbólica e real.

O raciocínio estabelecido até o momento revela certa sintonia entre a ampliação dos sistemas escolares e a complexa função que a escola assumiu na sociedade capitalista, qual seja, preparar os alunos para sua incorporação ao mundo do trabalho, seja por qualificação mediante a aprendizagem de certas habili-

---

[1] Conforme explica Popkewitz, o conteúdo do ensino é uma construção social, sem significado estático ou universal. Para Gimeno Sacristán, os conteúdos compreendem todas as aprendizagens que os alunos devem alcançar para progredir nas direções que marcam os fins da educação numa etapa de escolarização.

dades, seja por inculcação ideológica (Althusser, 1983; Bourdieu e Passeron, 1975; Bowles e Gintis, 1977).

Nas análises empreendidas por Pérez Gómez (2000), eventuais discrepâncias surgem quando se tenta definir o que significa a preparação para o mundo do trabalho, como se realiza esse processo, quais as consequências na promoção da igualdade de oportunidades e na mobilidade social, ou para reproduzir e reafirmar as diferenças sociais de origem dos indivíduos e grupos. Afinal,

> não é fácil definir o que significa, em termos de conhecimentos, disposições, habilidades e atitudes, a preparação dos estudantes para sua incorporação não-conflitante no universo profissional, especialmente nas atuais sociedades pós-industriais, onde emergem diferentes postos de trabalho autônomos ou assalariados e o desenvolvimento econômico requer mudanças aceleradas nas características do mercado de trabalho. (p. 15)

Na sociedade pós-industrial e globalizada, a nova economia difere drasticamente da antiga organização nacional. As economias nacionais eram baseadas na produção padronizada em massa. Sua gestão era realizada por poucas pessoas que controlavam o processo "por cima" da produção, e cabia a um grande número de operários simplesmente acatar as ordens. Esse modelo piramidal se manteve enquanto a economia conseguiu controlar seus custos de produção e adequar-se, com certa rapidez, às novas demandas, que, diga-se de passagem, eram poucas e estáveis. No entanto, o avanço nas telecomunicações, tecnologias de transporte e produção e o aumento do setor de serviços suscitaram a fragmentação da produção pelo globo. O quadro atual apresenta uma economia mais fluida e flexível, cujo modelo produtivo se assemelha a uma teia de aranha, na qual existem múltiplas linhas de poder e mecanismos de tomadas de decisão. Essas transformações na economia mundial incidem na educação. Se anteriormente o sistema de ensino público priorizava a formação de uma força-trabalho disciplinada e confiável, a nova ordem capitalista exige trabalhadores com capacidade de aprender rapidamente e de trabalhar em equipe de maneira criativa e confiável, tornando o setor produtivo mais dinâmico e adaptado às rápidas transformações e às possíveis novas demandas.

Em meio a esse *novo* quadro social, Pérez Gómez (2000) salienta que uma segunda e ainda mais importante função do processo de escolarização é a formação de cidadãos para sua intervenção na vida pública. A escola deve preparar os indivíduos para a devida incorporação à esfera social mais ampla, de modo que se possa manter a dinâmica e o equilíbrio nas instituições, bem como as normas de convivência que compõem o tecido social.

A função socializadora da escola torna-a mais complexa e totalizante, pois a escolarização incorpora demandas recentes que outrora foram cumpridas pela família, pela igreja e pelas diversas associações que dividiam a responsabilidade educativa. Atualmente, ao menos nos centros urbanos, seus frequentadores enfrentam uma longa jornada, o que faz aumentar o compromisso da escola com a formação dos educandos. Sem dúvida, isso incide no desenvolvimento de outros saberes e aptidões. Tal concepção totalizante faz da escolarização um processo de capacitação para a inserção pessoal dos sujeitos da educação na sociedade. A nova economia, por sua vez, gerou novas relações de interdependência e integração, aproximando grupos sociais anteriormente afastados tanto da convivência quanto do acesso aos bens sociais. O resultado tem sido a aceleração de antagonismos e desigualdades, muitas vezes declinando para a violência e o fundamentalismo, fruto da polarização de grupos, classes, etnias, subculturas, empregos e minorias sem poder.

Nessa configuração, a escola deve preconizar a importância da preparação dos alunos para que possam compreender a vida real e posicionar-se diante dela de maneira crítica e autônoma. Para Torres Santomé (1998), a construção de uma sociedade democrática e solidária somente é possível mediante uma escolarização que contribua para a formação de cidadãos similares.

Preparar para a vida pública nas sociedades politicamente democráticas, mas governadas pelas leis do mercado, na visão de Pérez Gómez (2000), implica necessariamente a assunção, pela escola, das contradições que marcam as sociedades contemporâneas desenvolvidas. O mundo da economia, governado pela lei da oferta e da procura e pela estrutura hierárquica das relações de trabalho, bem como pelas evidentes diferenças individuais e grupais, impõe exigências contraditórias à função social da escola. Parece requerer, tanto na formação de ideias como no desenvolvimento de disposições e condutas, exigências diferentes daquelas provenientes da esfera política numa sociedade formalmente democrática, na qual todos os indivíduos, por direito, são iguais perante a lei e as instituições.

É a partir dessas considerações que o autor sinaliza uma contradição. Se na esfera política todas as pessoas têm, em princípio, os mesmos direitos e certos deveres, o que as insere na coletividade, na esfera econômica a primazia não diz respeito aos direitos e deveres das pessoas, mas à propriedade, alocando-as na individualidade. A escola se defronta com um paradoxo quando observada do ponto de vista da sua função social. Se ela deve provocar o desenvolvimento dos conhecimentos que permitam a incorporação eficaz dos alunos ao mundo das relações, no âmbito da liberdade de consumo e escolha, da participação política, da responsabilidade social e familiar, solicita-se também uma incorporação submissa e disciplinada da maioria, no mundo do trabalho assalariado, ou no caso das elites que ocuparão posições sociais privilegiadas, a garantia da manutenção da sua condição de acúmulo dos dividendos extraídos da força de trabalho dos menos favorecidos. Por essa via, a escola camufla a relação entre conhecimento e ideologia.

Validada pela sociedade capitalista por meio do seu projeto de igualdade e percurso histórico, a escola, ao ensinar certos conhecimentos e negar outros, age com vistas a tornar inquestionável e importante para a vida em sociedade tudo o que ensina. Pelas suas práticas, métodos, seleção de conteúdos, formas de avaliação etc., ou seja, pelo seu currículo, transmite e consolida, algumas vezes de forma explícita e outras implicitamente, uma ideologia cujos valores consistem em individualismo, competitividade, falta de solidariedade, igualdade formal de oportunidades e desigualdade de resultados em função de capacidades e esforços individuais. Assume-se a ideia de que a escola é igual para todos e de que, portanto, cada um chega aonde suas capacidades e seu trabalho pessoal permitem. Impõe-se a ideologia aparentemente contraditória do individualismo e do conformismo social. Muito embora falemos da escola do século XXI, o que se revela é a permanência dos mesmos princípios que a nortearam durante os séculos XVIII, XIX e XX.

Há muito que a escola alimenta o processo de exclusão social. Mesmo para aqueles que concluíram o percurso curricular, os ganhos têm sido quase nulos. Se antes o diploma conferia o *status* de *bom cidadão*, agora, a *inflação* de cursos e certificados é responsabilizada pela desvalorização da formação ofertada. A escola vem perdendo seu pretenso papel de equalizadora social e, em vez disso, perpetua a subordinação à racionalidade econômica que, desde a ascensão da burguesia ao poder, está no cerne dos graves problemas sociais. O posicionamento de Pérez Gómez (2000) é contundente:

> aceitam-se as características de uma sociedade desigual e discriminatória, pois aparecem como resultado natural e inevitável das diferenças individuais atribuídas a capacidades e esforços. A ênfase no individualismo, na promoção da autonomia individual, no respeito à liberdade de cada um para conseguir, mediante a concorrência com os demais, o máximo de suas possibilidades, justifica as desigualdades de resultados, de aquisições e, portanto, reforça a divisão do trabalho e a configuração hierárquica das relações sociais. (p. 16)

Ainda segundo o autor, o caráter aberto da estrutura social para a mobilidade individual oculta a determinação social do desenvolvimento do sujeito como consequência das profundas diferenças de origem que se introjetam nas formas de conhecer, sentir, esperar e atuar dos indivíduos. Esse processo vai minando progressivamente as possibilidades dos desfavorecidos social e economicamente, em particular num meio que, desde os primeiros momentos, estimula a competitividade em detrimento da solidariedade. Para agravar, a raridade das oportunidades de trabalho, associada à desvalorização dos diplomas, torna o processo de escolarização ainda mais imprescindível e muito menos rentável ao sujeito. O sucesso pessoal, em um mundo cada vez mais especializado, só pode ser obtido à custa da exclusão de muitos.

Interessante notar que as práticas que habitam o cotidiano escolar constantemente reprimem ou negam qualquer ideia de sofrimento humano, porém inviabilizam o surgimento de iniciativas contrárias. Na escola reproduzem-se discursos sobre igualdade e inclusão, sem se explicitar ou compreender o que isso significa. Nessa ótica, prossegue Pérez Gómez (2000) com sua crítica, como a instituição educativa não proporciona momentos para investigar sua própria ação e as relações sociais que constrói e ajuda a manter nem se articula como constituinte das formas de exploração humana, corrobora a formação de cidadãos que aceitam como natural a arbitrariedade cultural que impõe uma formação social contingente e histórica. Ao legitimar a ordem existente, a escola se converte em válvula de escape das contradições e dos desajustes sociais, tal qual pontuaram Bourdieu e Passeron (1975), funcionando como um lugar que produz noções particulares de mundo e visões universais de homem, cultura e sociedade. Contudo, esse processo de reprodução da arbitrariedade cultural implícita na ideologia dominante não é linear, nem automático, nem isento de contradições e resistências.

O doutrinamento ideológico e a inculcação de representações particulares e ideias dominantes, sobretudo nas sociedades democráticas, se dão de forma sutil, sinuosa e subterrânea. Isso ocorre, conforme Pérez Gómez (2000), para fazer frente às contradições crescentes entre seus objetivos político-sociais e os estritamente econômicos.

A atenção exclusiva por parte de determinados setores à transmissão de conteúdos e ao intercâmbio de visões de mundo, segundo o autor, supôs um corte na concepção e no trabalho pedagógico induzido pela primazia da filosofia idealista e da Psicologia Cognitiva como bases prioritárias da teoria e da prática pedagógicas, aludindo a uma pretensa neutralidade da ação educativa. Em contrapartida,

> a influência crescente da sociologia da educação e da psicologia social no terreno pedagógico provocou a ampliação do foco de análise, de modo que se compreenda que os processos de socialização que ocorrem na escola acontecem também, e preferencialmente, como consequência das práticas sociais, das relações sociais que se estabelecem e se desenvolvem em tal grupo social, em tal cenário institucional. (Pérez Gómez, 2000, p. 17)

Sob essa ótica, o estudioso espanhol concebe a educação como uma prática política. Ora, na escola, os alunos aprendem e assimilam teorias, disposições e condutas não apenas como consequência da transmissão e do intercâmbio de ideias e conhecimentos explícitos no currículo escrito, mas também e principalmente como consequência das interações sociais de todo tipo que ocorrem nas aulas ou para além delas. Além disso, o conteúdo oficial do currículo imposto externamente representa com frequência apenas os conhecimentos e valores de um determinado grupo social que pretende validá-lo a todo custo. Com o mesmo sentido, o êxito na complexa vida acadêmica requer a aprendizagem de determinados mecanismos, estratégias, normas e valores de interação social. Para que o percurso escolar possa ser concluído, a escola vai exigindo a adoção de uma determinada forma de ser, pensar e agir, tanto mais válida e sutil quanto mais intensas as semelhanças entre a vida social do seu interior e as relações sociais no mundo do trabalho ou da vida pública que se quer consolidar.

Em outras palavras, se quisermos compreender os efeitos do processo de escolarização sobre os alunos – a sua formação –, será necessário analisar muito mais que os conteúdos explícitos no currículo. A análise de todas as inter-relações alocadas na cultura escolar permitirá observar de que modo o conhecimento veiculado e seus modos de transmissão mobilizam ou silenciam, fortalecem ou enfraquecem os sujeitos da educação.

Em outra obra, Perez Gómez (2001) concebe a vida escolar como um cenário de entrecruzamento de culturas, onde um intenso fluxo promove a influência de umas sobre as outras. A cultura escolar é composta pela cultura crítica, alocada nas disciplinas científicas, artísticas e filosóficas; pela cultura acadêmica, que se reflete na organização dos conteúdos; pela cultura social, constituída pelos valores hegemônicos do contexto mais amplo; pela cultura institucional, presente nas normas e rituais de cada instituição; e pela cultura experiencial, expressa pela aquisição individual do aluno por meio de suas experiências com seu meio de convivência, tanto na vida paralela à escola quanto no interior dela.

Como se pode notar, a formação obtida é fruto das influências, contradições e resistências desencadeadas pelo cruzamento entre as tarefas acadêmicas propostas nas aulas e em outros espaços escolares e as relações sociais da escola e das aulas. Convém não esquecer que os componentes relativos ao cotidiano escolar encontram-se mutuamente inter-relacionados, de modo que a maneira de conceber uma determinada atividade didática requer uma estrutura de relações sociais compatíveis e convergentes. Inversamente, uma forma de organizar as relações sociais e a participação dos indivíduos e dos grupos exige e favorece determinadas concepções alusivas às atividades acadêmicas.

É por isso que a educação escolar tem sido vista como terreno no qual se exerce uma força poderosa sobre o que os alunos pensam a respeito de si, dos outros e da sociedade. A formação dos indivíduos pela escolarização abarca, obrigatoriamente, os fatores correspondentes ao grau de participação e domínio dos próprios estudantes sobre o processo de trabalho e os modos de convivência moldados pelas atividades de ensino, o que permite conhecer o grau de alienação ou autonomia dos alunos e alunas quanto a seus próprios processos de produção e intercâmbio no âmbito escolar.

Se na vida cotidiana o indivíduo aprende reinterpretando os significados da cultura, mediante contínuos e complexos processos de negociação, as atividades escolares poderiam beneficiar-se desse processo e estimular o aluno a aprender reinterpretando, e não apenas adquirindo a cultura elaborada nas disciplinas acadêmicas, mediante processos de intercâmbio e negociação. A aula deve tornar-se um fórum de diálogo e negociação de concepções e representações da realidade. Nunca pode ser um espaço de imposição da cultura, por mais que esta tenha demonstrado a potencialidade virtual de seus esquemas e concepções.

A imposição da cultura na aula, no melhor dos casos, supondo uma assimilação significativa e não arbitrária dos conteúdos, conduzirá a uma composição da relação pedagógica, não questionadora e tampouco enriquecedora por si mesma dos esquemas que o aluno utiliza em sua vida cotidiana. A cultura assim assimilada, na opinião de Pérez Gómez (2000), não é um agente de pensamento que configure e oriente a atividade cotidiana do sujeito, exceto naquelas restritas tarefas da própria vida escolar. Aprende-se a cultura assim enlatada para servir e jogar fora, para esquecer depois do exame. É, em todo o caso, um mero adorno retórico que não reconstrói o pensamento habitual do aluno.

Como afirma o autor, para que a relação pedagógica provoque a transferência de conhecimentos do professor para o aluno, é imprescindível criar um espaço de conhecimento compartilhado. Nesse espaço, as novas posições do conhecimento científico vão sendo reinterpretadas e incorporadas aos esquemas de pensamento experiencial prévios do próprio aluno e, ao serem ativadas suas pré-concepções para interpretação da realidade e apresentação de possíveis soluções de problemas, manifestarão suas deficiências em comparação com as proposições da ciência. Assim, num processo de transição contínua, o aluno incorpora os conhecimentos científicos ao reinterpretá-los pessoalmente e reconstrói seus esquemas e pré-concepções ao incorporar novas ferramentas intelectuais de análise.

Requerem-se assim, na relação pedagógica, duas condições para esse processo de reconstrução do pensamento do aluno: partir da sua cultura experiencial e criar na aula um espaço de conhecimento compartilhado.

Nesse sentido, explica Hernández (2002), o aluno poderá envolver-se num processo aberto de intercâmbio e negociação de significados sempre que os novos conteúdos provoquem a ativação de seus esquemas habituais de pensar e atuar. Por isso, a aquisição da valiosa cultura acadêmica deve ser sempre um processo de reconstrução, e não simplesmente de justaposição. É necessário provocar no aluno a consciência das insuficiências de seus esquemas habituais e o valor potencial das novas formas e instrumentos de análise da realidade plural. Somente se poderá realizar essa provocação se o professor partir do conhecimento do estado atual do estudante, de suas concepções, inquietações, propósitos e atitudes.

A orientação habitual da prática docente é, ao contrário, partir das disciplinas e aproximá-las do aluno de modo mais ou menos motivador. Já o movimento progressista, consciente da debilidade e da deficiência desse modelo tradicional, detém-se no estado do aprendiz e nos processos de seu desenvolvimento espontâneo como consequência de seus intercâmbios com o meio.

A relação pedagógica fundamentar-se-á, portanto, na utilização da potencialidade explicativa dos conhecimentos científicos para provocar, mediante um processo de diálogo e negociação, a reconstrução das pré-concepções do aluno a partir do reconhecimento de seu estado de desenvolvimento, suas preocupações e seus propósitos. O objetivo imediato, lembra Pérez Gómez (2000), não é a aquisição da cultura adulta, mas a reconstrução, em alguma medida sempre incerta, das pré-concepções "vulgares" do aluno.

Há de se ter certa cautela com o significado de cultura experiencial, pré-concepção vulgar e demais denominações dos conhecimentos que os alunos adquirem na cultura paralela à escola. Pérez Gómez (2001) enfatiza que, nas sociedades desenvolvidas contemporâneas, a onipresença e o grau de especialização dos meios de comunicação estão provocando uma mudança profunda na função da escola, debilitando sua função transmissora e fortalecendo a orientadora e compensatória. O aluno entra em contato com os instrumentos e produtos culturais por meio de vias e canais muito mais poderosos e atrativos de transmissão de informação. Portanto, não chega à escola somente com as influências restritas de sua cultura familiar, mas com um forte equipamento de influências culturais provenientes da comunidade local, regional, nacional e internacional. Com essas influências e interações elabora suas próprias representações, suas peculiares concepções sobre qualquer dos âmbitos da realidade. Pois bem, sobre essas representações e concepções não sistemáticas nem reflexivamente construídas, que o autor denomina conhecimento "vulgar" ou experiencial, a escola e o professor devem organizar um processo de intercâmbio e negociação, para que o aluno as submeta à comparação, oferecendo-lhe os instrumentos poderosos da cultura acadêmica organizada em corpos de conhecimentos disciplinares e interdisciplinares. A relação pedagógica cumpre, assim, uma função crítica: provocar e facilitar a reconstrução do conhecimento "vulgar" que o aluno adquire em sua vida anterior e paralela à escola.

Convém levar em consideração que as diversas fontes de influência e de transmissão de informação no mundo pós-industrial contemporâneo desenvolvido não têm como objetivo desenvolver a cognição da criança ou do jovem, mas servir aos múltiplos interesses econômicos, sociais, políticos ou religiosos que os controlam. Assim, é fácil supor que os esquemas de pensamento que o educando desenvolve, nas sociedades de mercado atuais, são o reflexo das influências culturais mais diretas, imediatas e onipresentes e que normalmente respondem às forças e interesses da publicidade a serviço daqueles que controlam o mercado.

De qualquer forma, o indivíduo na sociedade pós-industrial vive e se desenvolve saturado de estímulos, oprimido por pedaços de informação geralmente fragmentária e desintegrada cujo sentido para a elaboração de uma visão geral da vida, da natureza e da sociedade normalmente lhe escapa. O *déficit* do aluno contemporâneo não se encontra nem na quantidade de informação, nem no grau de desenvolvimento de suas habilidades, nem no nível de aquisição das matérias instrumentais. Suas carências fundamentais se situam, em nossa opinião, no sentido de suas aquisições e no valor das atitudes formadas.

Em outras palavras, o *déficit* que nossa cultura contemporânea cria e com o qual o indivíduo entra em contato nas trocas "espontâneas" de sua vida cotidiana reside na formação do pensamento e no desenvolvimento de habilidades fundamentais. *Déficit* na capacidade de pensar, de organizar racionalmente os fragmentos de informação, de buscar seu sentido de modo que os esquemas de significados que vai consolidando lhe sirvam de instrumentos intelectuais para analisar a realidade, mais além das impressões empíricas da configuração superficial que lhe permite ignorar a complexidade que sustenta as aparências.

Assim, as complexas e poderosas redes sociais de intercâmbio de informação e sua penetração incontrolável na vida cotidiana, destilando sutilmente, por meio de suas informações fragmentadas, os valores da ideologia dominante, deixam para a sala de aula uma função complexa: facilitar o desenvolvimento da capacidade de compreensão e a reconstrução crítica do conhecimento "de mundo" que o aluno assimila acriticamente nas trocas de sua vida cotidiana (Zabala, 1998).

Portanto, o trabalho desenvolvido pelo professor deverá encaminhar o processo de reconstrução e estimular o desenvolvimento, na criança e no jovem, da capacidade de compreensão, de reorganização racional e de reconstrução significativa da informação.

Referências

ALTHUSSER, L. *Aparelhos ideológicos de Estado*. Rio de Janeiro: Graal, 1983.

BOURDIEU, P.; PASSERON, J. *A reprodução*. Rio de Janeiro: Francisco Alvez, 1975.

BOWLES, S.; GINTIS, H. *Schooling in Capitalist America*: Educational Reform and the Contradictions of Economic Life. Nova York: Basic Books, 1977.

ESTEVE, J. M. *A terceira revolução educacional*: a educação na sociedade do conhecimento. São Paulo: Moderna, 2004.

HERNÁNDEZ, F. O diálogo como mediador da aprendizagem e da construção do sujeito na sala de aula. *Revista Pátio*, Porto Alegre, ano 6, n. 22, p. 18-21, jul./ago. 2002.

McLAREN, P. *Multiculturalismo crítico*. São Paulo: Cortez, 1997.

MOREIRA, A. F. B.; CANDAU, V. M. *Indagações sobre currículo*: currículo, conhecimento e cultura. Brasília: MEC/SEB, 2007.

PARO, V. H. *Educação como exercício do poder*: crítica ao senso comum em educação. São Paulo: Cortez, 2008.

PÉREZ GÓMEZ, A. I. As funções sociais da escola: da reprodução à reconstrução crítica do conhecimento e da experiência. In: GIMENO SACRISTÁN, J. E PÉREZ GÓMEZ, A. I. *Compreender e transformar o ensiro*. Porto Alegre: Artmed, 2000. p. 13-26.

_____. *A cultura escolar na sociedade neoliberal*. Porto Alegre: Artmed, 2001.

TORRES SANTOMÉ, J. *Globalização e interdisciplinaridade*: o currículo integrado. Porto Alegre: Artmed, 1998.

ZABALA, A. *A prática educativa*. Porto Alegre: Artmed, 1998.

4

Currículo[1]

---

[1] Parte do capítulo "Educação Física na Educação Infantil: algumas considerações para elaboração de um currículo coerente com a escola democrática", publicado no livro de ANDRADE FILHO, N. F. e SCHNEIDER, O. (orgs.), *Educação Física para a Educação Infantil*: conhecimento e especificidade. São Cristóvão: Editora da UFS, 2008.

Eu sou um intelectual que não tem medo de ser amoroso,
eu amo as gentes e amo o mundo e é porque amo as pessoas
e amo o mundo, que eu brigo para que a justiça social se
implante antes da caridade.

Paulo Freire

A reflexão sobre o currículo está instalada nas diversas esferas envolvidas com o debate educacional: do Ministério de Educação até as escolas, passando pelas secretarias de educação estaduais e municipais. Basta observar o crescente movimento em prol da construção de currículos a partir da Lei de Diretrizes e Bases da Educação Nacional (9.394/96), que culminou com a publicação de documentos como os Parâmetros Curriculares Nacionais e o Referencial Curricular Nacional para a Educação Infantil e com a elaboração de propostas curriculares estaduais e municipais. Durante as últimas décadas, o currículo tem sido tema central nos debates da academia, da teorização pedagógica e da formação docente. Resta saber como esse debate está chegando aos profissionais que atuam nas escolas de Educação Básica.

Na opinião de Arroyo (2007), uma forma de trazer o currículo para o cotidiano profissional tem sido posta em prática mediante o trabalho coletivo dos(as) educadores(as). O planejamento coletivo passou a ser um estilo de trabalho com tendências à generalização. Tanto cada profissional quanto os coletivos docentes reveem com alguma frequência os conteúdos de ensino e suas ações educativas. Junto com as equipes gestoras das escolas, escolhem e planejam prioridades e atividades, reorganizam os conhecimentos e intervêm na construção dos currículos. Mas o que se pode entender como currículo?

À palavra currículo, segundo Moreira e Candau (2007), associam-se distintas perspectivas derivadas dos diversos modos com os quais a educação vem sendo concebida historicamente, bem como das influências teóricas que a afetam e se fazem hegemônicas em um dado momento. Diferentes fatores socioeconômicos, políticos e culturais contribuem, assim, para que currículo seja entendido como: conteúdos a serem ensinados e aprendidos; experiências escolares de aprendizagem vividas pelos alunos; planos pedagógicos elaborados por professores, escolas e sistemas educacionais; objetivos a serem alcançados por meio do processo de ensino; e os processos de avaliação que terminam por influir nos conteúdos e nos procedimentos selecionados nos diferentes graus da escolarização.

Cada uma dessas concepções reflete variados posicionamentos, compromissos e pontos de vista teóricos. Posicionando-

-se sobre o assunto, os autores citados recorrem a Silva (1999) para afirmar que as discussões sobre o currículo incorporam, com maior ou menor ênfase, discussões sobre os conhecimentos escolares, procedimentos pedagógicos, relações sociais, valores que se deseja inculcar e identidades de alunos(as) que se quer formar. Em resumo, discussões sobre conhecimento, verdade, poder e identidade marcam, invariavelmente, as discussões sobre as questões curriculares.

Com a aceitação desses referenciais, é possível afirmar que o currículo é influenciado por pressupostos teóricos que fundamentam os conhecimentos a serem ensinados e que subsidiam a ação pedagógica; setores externos à escola, como a academia; políticas oficiais das secretarias de educação; interesses e motivações da sociedade mais ampla; saberes docentes acerca da própria experiência, das aproximações ou distanciamentos com relação a práticas e conteúdos, concepções de aprendizagem, comunidade, escola e sociedade; e, por fim, o currículo também é influenciado pelas crianças que frequentam os bancos escolares, considerando suas representações sobre a vida, relações, conhecimentos e o papel que a escola assume em seus projetos pessoais.

Nessa concepção, o currículo compreende o cotidiano da escola com seus conteúdos, ordenamento e sequenciação, hierarquias, cargas horárias, tempos e espaços, relações entre estudantes, docentes e demais atores da instituição, diversificação que se estabelece entre os(as) professores(as), atividades propostas, materiais empregados, organizações da rotina escolar, exemplos empregados, atitudes adotadas no interior da instituição, critérios de avaliação etc., ou seja, tudo o que acontece na escola.

Moreira e Candau (2007) enfatizam que é por intermédio do currículo que as "coisas" acontecem na escola. No currículo sistematizam-se os esforços pedagógicos. O currículo é, em outras palavras, o coração da escola, o espaço central em que atuam os(as) docentes, o que os(as) torna responsáveis por sua elaboração. O papel do(a) educador(a) no processo curricular é, como consequência, fundamental. Ele(a) é o(a) grande artífice, queira ou não, da construção dos currículos que se materializam nas escolas e nas salas de aula. Daí a necessidade de garantir, na escola, constantes discussões e reflexões sobre o currículo. Daí a obrigação, como profissionais da educação, de participarem crítica e criativamente na elaboração de currículos mais atraentes, mais democráticos, mais fecundos e acessíveis a todos.

Os(as) educandos(as), sujeitos também centrais na ação educativa, são influenciados(as) pelos conhecimentos aprendidos, pelas lógicas de organização da tarefa educativa, tudo o que se diz ou se demonstra sobre eles(as) e, também, pelos conhecimentos, valores, práticas sociais etc. que não são mencionados. Isso significa que a ausência de determinados conhecimentos no currículo também influencia na formação de identidades.

Arroyo (2007) explicita a existência de uma relação direta entre as formas como se estruturam os currículos e os processos de conformação dos diversos protótipos esperados de cidadão(ã). As formas do currículo têm sido as formas em que os protótipos legitimados, tanto de docentes quanto de estudantes, foram conformados e são reproduzidos. O currículo vem conformando os sujeitos da ação educativa – docentes, alunos e alunas. Conforma suas vidas, produzindo identidades sociais e escolares; por exemplo: quem será bem-sucedido, fracassado, escolhido, repelido, aplaudido ou ridicularizado.

Para aclarar esse processo, Gomes (2007) busca em d'Adesky (2001) um maior entendimento acerca do processo de construção identitária. A identidade se constrói em determinado contexto histórico, social, político e cultural. Para tal, pressupõe uma interação. A ideia que um indivíduo faz de si mesmo, de seu "eu", é intermediada pelo reconhecimento obtido dos outros em decorrência de sua ação. Nenhuma identidade é construída no isolamento. Ao contrário, ela é negociada ao longo da vida por meio do diálogo, parcialmente exterior, parcialmente interior, com os outros. Tanto a identidade pessoal quanto a social são formadas em diálogo aberto. Estas dependem de maneira vital das relações dialógicas com os outros.

Atentos a isso, muitos coletivos docentes têm experimentado currículos, também, a partir do olhar e da escuta aos(às) educandos(as). Verificam-se novas sensibilidades nas escolas e na docência com relação a esse aspecto. Muitos(as) docentes adotam pedagogias mais participativas, reconhecem as crianças como sujeitos da ação educativa. Nessa lógica, quando os alunos e alunas interferem, sugerem, questionam, opinam e veiculam suas posições, os seus conhecimentos, saberes e práticas sociais adentram a escola, modificando, gradativamente, sua ecologia.

As crianças não são apenas fruto da escola, nem dos currículos, da docência ou do sistema de ensino. Um universo de experiências culturais concorre para a construção de suas identidades. Da mesma forma, os(as) elaboradores(as) e executores(as) dos currículos atribuem determinadas identidades às crianças que frequentam a escola partindo de um emaranhado de situações. A partir delas, segundo Arroyo (2007), os currículos, as escolas e a docência trabalham, reforçando-as ou desqualificando-as. As crianças possuem determinadas identidades de classe, raça, etnia, gênero, território, campo, cidade e periferia divulgadas pela cultura social, divisão de classes, hierarquias socioetnicorraciais, papéis, gênero e classificações de território. Sobre essas identidades, são construídas as concepções de aluno e aluna, definidas as funções para cada escola e priorizados determinados conteúdos, enquanto outros são secundarizados. Portanto, os currículos não são neutros. São fortemente influenciados pela pluralidade de identidades socialmente construídas que constituem a matéria-prima com a qual são arquitetados.

Se as identidades socialmente construídas são o pano de fundo dos currículos, convém questionar quais identidades a escola quer formar e em que medida a diversidade que marca a sociedade brasileira atual encontra-se presente nos conteúdos e práticas da Educação Infantil. As concepções de infância que norteiam as ações docentes são universalistas e pertencentes à criança burguesa ou as peculiaridades de cada comunidade e cada criança são consideradas? As teorias da aprendizagem mobilizadas durante a elaboração das atividades consideram ou não as características e os tempos de cada criança? Os conteúdos são selecionados tendo em vista a formação de uma "criança ideal" ou os conhecimentos disponíveis aos(às) alunos(as) e pertencentes à cultura paralela à escola são considerados?

Na teorização curricular mais recente, as preocupações dos pesquisadores têm-se concentrado nesse ponto, isto é, nas relações entre currículo e cultura (Moreira, 2002). No lastro desse movimento, investigações de campo, profissionais da educação e políticas curriculares têm se debruçado sobre temáticas como "currículo e culturas", "pluralidade cultural e currículo", "currículo e diversidade cultural", "currículo e multiculturalismo". Para explicar esse fenômeno, Moreira e Candau (2007) se apoiam na seguinte citação de Hall (1997):

> Por bem ou por mal, a cultura é agora um dos elementos mais dinâmicos – e mais imprevisíveis – da mudança histórica no novo milênio. Não deve nos surpreender, então, que as lutas pelo poder sejam, crescentemente, simbólicas e discursivas, ao invés de tomar, simplesmente, uma forma física e compulsiva, e que as próprias políticas assumam progressivamente a feição de uma política cultural. (p. 97)

Hall (1997) afirma a impossibilidade de negar a pluralidade cultural da sociedade contemporânea e que se manifesta de forma impetuosa pelas relações de poder, em todos os espaços sociais, inclusive nas escolas e nas salas de aula. Assim, seria lícito dizer que a multiplicidade cultural que povoa o universo pedagógico acarreta frequentemente confrontos e conflitos entre as culturas infantis que chegam à escola e as culturas docente e escolar que nela buscam perpetuar-se, "tornando cada vez mais agudos os desafios a serem enfrentados pelos profissionais da educação" (Moreira e Candau, 2007, p. 21).

No entanto, essa mesma pluralidade pode propiciar o enriquecimento e a renovação das possibilidades de atuação pedagógica, uma vez que a prática pedagógica comprometida com a diversidade inevitavelmente considera as diferenças de ritmos e de estilos de aprendizagem e cria oportunidades mais igualitárias para todos.

Nas palavras de Stoer e Cortesão (1999), antes de apresentar um empecilho ao currículo, a diversidade cultural o enriquece. A partir dessa premissa, se o que se tem em mente é a organização de um processo educativo democraticamente orientado e direcionado à modificação do atual quadro de desigualdade que marca a sociedade pós-industrial contemporânea, na elaboração e no desenvolvimento do currículo deverá ser urgentemente considerada a diversidade cultural existente.

Se o currículo for entendido, como propõe Williams (1984), citado por Moreira e Candau (2007), como escolhas que se fazem diante do vasto leque de possibilidades, ou seja, como uma seleção da cultura e, caso seja aceita a concepção de cultura mencionada na seção anterior, como "prática de compartilhamento de significados", será possível conceber qualquer desenho curricular, também, como conjunto de práticas que produzem e veiculam significados.

Nesse sentido, recorrendo a Silva (1999), os autores compreendem o currículo como espaço em que se concentram e se desdobram as lutas em torno dos diferentes significados sobre o social e sobre o político. É por meio do currículo que certos grupos sociais, especialmente os dominantes, expressam sua visão de mundo, seu projeto social, sua "verdade". O currículo representa, assim, um conjunto de práticas que propiciam produção, circulação e consumo de significados no espaço social e que contribuem, intensamente, para a construção de identidades sociais e culturais. O currículo é um campo de lutas no qual se tentam impor tanto a definição particular de cultura de um dado grupo quanto o conteúdo dessa cultura. O currículo é um território em que se travam ferozes competições em torno dos significados. "O currículo não é um veículo que transporta algo a ser transmitido e absorvido, mas sim um lugar em que ativamente, em meio a tensões, se produz e se reproduz a cultura" (Moreira e Candau, 2007, p. 28).

Salientam os autores que, no currículo, se evidenciam esforços tanto para consolidar as situações de opressão e discriminação a que certos grupos sociais têm sido submetidos quanto para questionar os arranjos sociais em que essas situações se sustentam. Assim, no processo curricular, distintas e complexas têm sido as respostas dadas à diversidade e à pluralidade que marcam o panorama cultural contemporâneo.

Na visão de Gomes (2007), trabalhar com a diversidade na escola não é um apelo romântico do final do século XX e início do século XXI. Na realidade, a cobrança hoje feita em relação à forma como a escola lida com a diversidade no seu cotidiano, no seu currículo e nas suas práticas faz parte de uma história mais ampla. Tem relação com as estratégias por meio das quais os grupos humanos considerados diferentes passaram cada vez mais a destacar politicamente as suas singularidades, demandando que estas sejam tratadas de forma justa e igualitária, desmistificando a ideia de inferioridade que paira sobre algumas dessas diferenças socialmente construídas e exigindo que o elogio à diversidade seja mais do que um discurso sobre a variedade do gênero humano e se configure como prática social.

Por isso, explica a autora, a inserção da diversidade nos currículos implica compreender as causas políticas, econômicas e sociais de fenômenos como o preconceito e a exclusão. Falar sobre diversidade e diferença implica posicionar-se contra processos de colonização e dominação. Trata-se de perceber como, nesses contextos, algumas diferenças foram naturalizadas e inferiorizadas, sendo, portanto, tratadas de forma desigual e discriminatória; entender o impacto subjetivo desses processos na vida dos sujeitos sociais e no cotidiano da escola e incorporar no currículo os saberes produzidos pelas diversas áreas e ciências articulados com os saberes produzidos pela comunidade.

Nessa perspectiva, as ideias de que todos os grupos sociais sejam vistos como produtores de cultura e de que todas as culturas sejam equivalentes abandonam a pecha de simples elucubrações teóricas para transformar-se em práticas, ponto fulcral para a constituição de uma escola democrática.

Quando se coloca a ênfase na criação de currículos com tais princípios, está-se a afirmar a crença de que todas as crianças possuam um patrimônio cultural que precisa ser reconhecido, socializado e ampliado pela escola. Com essa postura, a educação, como instrumento de justiça social, contribuirá enormemente para o aprofundamento da democracia.

O currículo que articula os saberes da comunidade com os conhecimentos eruditos proporciona condições para que as crianças manifestem seus conhecimentos, relacionando-os, analisando-os e reconstruindo-os constantemente. Contribui, portanto, para a construção do orgulho pelo que são e do respeito e admiração pelo que os outros são. Nesse espaço, não há lugar para dizer que "isto é melhor que aquilo", "assim está errado", "desse jeito não vai chegar a lugar nenhum", ou o pior, "você não sabe", "nunca irá aprender", "não nasceu para isso". Nessa perspectiva curricular, quando a diversidade de perspectivas é possibilitada, aceita e reconhecida, é das crianças reais que a escola trata, é sobre elas próprias e seu universo vivencial que se ensina e aprende.

Tal postura, quando adotada pela escola, permite uma real inserção e problematização das culturas popular e erudita. Do ponto de vista da aprendizagem, o conhecimento sincrético é superado e a consciência do papel da própria cultura na formação da identidade adquire força (Neira, 2007). Quando o patrimônio cultural do seu grupo se transforma em conteúdo escolar, sendo valorizado e respeitado, os educandos e educandas se reconhecem enquanto representantes de culturas legítimas e prestigiadas pela sociedade mais ampla, o que contribui para reforçar o sentimento de pertencimento do indivíduo ao grupo, pelo fortalecimento dos laços culturais originais.

Ao reconhecer o conhecimento que as crianças trazem quando entram na escola, o(a) professor(a) reconhece-as como sujeitos de conhecimento, sujeitos capazes, capacidade revelada e reconhecida no já sabido e capacidade potencial para se apropriar e de socializar novos conhecimentos, que a escola lhes pode oferecer.

A articulação da cultura da comunidade com a cultura docente sem hierarquizá-las, embora mostrando o que as distingue, viabiliza a importância de todos se apropriarem da cultura de forma geral como um meio de obter uma participação social mais justa e plena. Ao incorporar os conhecimentos da cultura que as crianças já dominam, a escola dará um novo sentido aos conteúdos curriculares, proporcionando melhores condições para compreenderem o mundo em que vivem e a discriminação e exclusão sofrida por diversos grupos que compõem a sociedade. Além disso, potencializará as crianças para sua luta por sobrevivência cultural, emancipação e participação social e política.

Ao incorporar a cultura de origem das crianças, não apenas o que elas já conhecem, mas buscando novas fontes de informação, em sua comunidade e nas diversas fontes referentes ao tema (literatura, cinema, jornais, produção científica etc.), o(a) professor(a) influirá para que as crianças enriqueçam o conhecimento sobre a história do seu grupo cultural e orgulhem-se tanto da sua origem quanto da sua classe social. Essa é a via para a construção de sua personalidade, de sua identidade cultural e do sentimento de nacionalidade.

Incorporando o universo vivencial das crianças ao currículo da escola, o(a) professor(a) também aprenderá, atualizando seus próprios conhecimentos, aprendidos em seu curso de formação inicial e contínua. Se for capaz de mudar e aprender, transformará a experiência escolar num espaço de coconstrução de conhecimentos, em que todas as crianças e o(a) próprio(a) docente estarão envolvidos num processo de troca e de confronto de conhecimentos, ajudando-se uns aos outros. Quando a aprendizagem se dá dessa forma, os(as) que num dado momento revelam saber menos do que outros serão ajudados, pelo(a) educador(a) ou pelos(as) que já sabem, a fazer aquilo que, em outro momento, serão capazes de realizar sozinhos(as) (Garcia, 1995).

Se o que se pretende é uma sociedade mais democrática, as práticas pedagógicas terão de ser inevitavelmente modificadas. As atividades escolares devem envolver-se com a análise e a contextualização das práticas sociais existentes e disponíveis no panorama cultural da comunidade. Ao abrir espaços de interlocução com a comunidade da qual as crianças são parte, entrarão na sala de aula a história oral e a cultura de suas comunidades, que poderão, em seguida, ser documentadas, analisadas, interpretadas e ressignificadas, enriquecendo o currículo.

O(A) docente terá de trabalhar dialeticamente entre a ideologia da cultura erudita e as ideologias das culturas infantis. Manifestações culturais como a dança, a mímica e a brincadeira não mais serão apresentadas do ponto de vista exclusivo dos(as) adultos(as) escolarizados(as), mas incorporadas, como conteúdos pedagógicos, aos pontos de vista da comunidade e a suas produções culturais identitárias. Dialetizando as manifestações culturais produzidas pelos diferentes grupos que compõem a comunidade escolar, o(a) professor(a) estará criando condições para o desenvolvimento da criticidade, indispensável à capacidade de escolha consciente e, por consequência, para a assunção da cidadania.

Como se pode esperar, esse processo não ocorrerá sem conflitos e tensões. Num primeiro momento, há de se questionar os privilégios e espaços concedidos aos conhecimentos científicos no currículo. Em seguida, valeria a pena observar se os conteúdos de ensino são representativos dos conhecimentos construídos por todos os grupos presentes no cenário social. Por fim, há de se buscar formas e meios de subverter a lógica que impele os(as) docentes a recorrer, predominantemente, aos processos e conhecimentos já consolidados para organizar e conduzir suas tarefas pedagógicas. Nesse caso, solicita-se a revisão das lógicas empregadas nos cursos de formação inicial e contínua e a cultura profissional docente que, lentamente, vai conformando os(as) educadores(as) a determinadas práticas pedagógicas fundadas em uma postura monocultural.

Referências

ARROYO, M. *Indagações sobre o currículo*: os educandos, seus direitos e o currículo. Brasília: Ministério da Educação, Secretaria de Educação Básica, 2007.

D'ADESKY, J. *Racismos e anti-racismos no Brasil*: pluralismo étnico e multiculturalismo. Rio de Janeiro: Pallas, 2001.

GARCIA, R. L. Currículo emancipatório e multiculturalismo: reflexões de viagem. In: SILVA, T. T.; MOREIRA, A. F. B. (orgs.). *Territórios contestados*. Rio de Janeiro: Vozes, 1995.

GOMES, N. L. *Indagações sobre currículo*: diversidade e currículo. Brasília: Ministério da Educação, Secretaria de Educação Básica, 2007.

HALL, S. A centralidade da cultura: notas sobre as revoluções de nosso tempo. *Educação e Realidade*, Porto Alegre, p. 15, jul./dez. 1997.

MOREIRA, A. F. B. Currículo, diferença cultural e diálogo. *Educação & Sociedade,* ano 23, n° 79, p. 15-38, ago. 2002.

MOREIRA, A. F. B.; CANDAU, V. M. *Indagações sobre currículo*: currículo, conhecimento e cultura. Brasília: Ministério da Educação, Secretaria de Educação Básica, 2007.

NEIRA, M. G. Valorização das identidades: a cultura corporal popular como conteúdo do currículo da Educação Física. *Motriz.* Rio Claro, v. 13, n. 2, p. 174-182, set./dez. 2007.

SILVA, T. T. *Documentos de identidade*: uma introdução às teorias do currículo. Belo Horizonte: Autêntica, 1999.

STOER, S. R.; CORTESÃO, L. *Levantando a pedra*: da Pedagogia inter/multicultural às políticas educativas numa época de transnacionalização. Porto: Afrontamento, 1999.

WILLIAMS, R. *The Long Revolution*. Harmondsworth: Penguin Books, 1984.

5

A construção de conhecimentos na sala de aula

Convivem na atualidade várias correntes que procuram explicar os processos de ensino e aprendizagem. Coll (1998) é de opinião que a ausência de consenso científico levou muitos educadores a menosprezar as descobertas oriundas dos estudos de Psicologia da aprendizagem. A desconfiança, justificada pela falta de rigor, semeou o ceticismo a respeito das contribuições dessa ciência, fato que implicou, na prática, na manutenção de formas tradicionais de atuação em sala de aula. Mesmo assim, mostra-se paradoxal a constatação de que qualquer ação didática denote alguma das concepções sobre a maneira de aprender. Ou seja, não é possível ensinar nada sem partir de uma ideia de como as aprendizagens se produzem. Quando explicamos algo aos alunos, quando demonstramos, quando exigimos o estudo, quando propomos uma série de conteúdos, quando propomos determinados exercícios, quando ordenamos as atividades de certa maneira etc., por trás dessas decisões se esconde uma ideia sobre como se produzem as aprendizagens. O mais extraordinário de tudo é a falta de consciência ou o desconhecimento do fato de que a não utilização de um modelo teórico explícito não significa a ausência de concepção. Consequentemente, por trás de qualquer prática educativa sempre há uma visão de como se aprende.

Pois bem, como afirma Zabala (1998), se partirmos do fato de que nossa atuação é inerente a uma determinada concepção, será lógico que esteja o mais fundamentada possível. A existência de várias correntes psicológicas não pode nos fazer perder de vista que há uma série de princípios com os quais elas estão de acordo: as aprendizagens dependem das características singulares de cada um dos indivíduos; correspondem, em grande parte, às experiências que cada um viveu desde o nascimento; a forma como se aprende e o ritmo da aprendizagem variam segundo as capacidades, motivações e interesses de cada um; enfim, a maneira e a forma como se produzem as aprendizagens são o resultado de processos singulares e pessoais. Tais constatações já foram feitas por todos os educadores em sala de aula, e delas decorre o cuidado e a atenção à diversidade dos alunos como um princípio fundamental.

Aceita a prerrogativa de atenção à diversidade, Zabala (1998) sinaliza a necessidade de identificar os condicionantes que impedem de levá-la a cabo e tomar as medidas que diminuam ou eliminem os impeditivos para que o professor possa ocupar-se das demandas particulares dos alunos.

Sem dúvida, é difícil identificar os diferentes níveis de conhecimento de cada aluno, identificar o desafio de que necessitam, saber que ajuda requerem e estabelecer a avaliação apropriada para cada um deles, a fim de que se sintam estimulados a se esforçar nas suas tarefas. Mas a dificuldade não deve nos impedir de buscar meios ou formas de intervenção que, cada vez mais, nos permitam dar uma resposta adequada às necessidades pessoais de todos.

A concepção construtivista na escola

A frequência habitual a instituições educativas de diferentes níveis, sistemas e voltadas para públicos distintos permitiu constatar a predominância de uma visão que privilegia o fornecimento de conteúdos, no conhecido estilo da *educação bancária* tão criticado por Freire (1979). Mesmo entre pessoas preocupadas com uma função transformadora da escola, é possível identificar certa autonomização da função escolar, especialmente entre aqueles que, com o pretexto de privilegiar os conteúdos, acabam por secundarizar o processo por meio do qual esse conteúdo é apropriado.

Paro (1996), em seus estudos, busca explicar esse fenômeno:

> A crença em que a apreensão de conteúdos relevantes seja suficiente, quer para propiciar uma consciência crítica, quer para instrumentalizar o indivíduo para uma prática social transformadora, tem levado os adeptos dessa visão a minimiza-

> rem a importância dos métodos de ensino, acabando praticamente por suporem sua neutralidade. (p. 223)

Embora, teoricamente falando, pareça absurdo "ensinar" conteúdos que visem ao desenvolvimento de comportamentos democráticos por meio de relações autoritárias, ou de prover os educandos de conhecimentos que objetivem a apreensão crítica da realidade por meio de métodos que supõem a aceitação passiva das verdades apresentadas pelo professor, essas são práticas facilmente encontradas nas salas de aula de uma considerável parcela das escolas.

Já faz algum tempo que a literatura educacional advoga que conteúdo e método não podem ser considerados de forma independente um do outro, pois determinados conteúdos serão mais facilmente aprendidos conforme o método de ensino. Piaget e Greco (1974) entendem que um resultado (conhecimento ou atuação) é adquirido em função da experiência física, da lógico-matemática ou de ambas. Isso não significa que todo resultado adquirido em função da experiência constitua aprendizagem. Reservamos o termo aprendizagem para aquisições desencadeadas em função da experiência que se desenvolve no tempo, quer dizer, mediata, e não imediata, como a percepção ou a compreensão instantâneas. As aquisições imediatas em função da experiência, obtidas por indução, não constituem aprendizagens.

Um pressuposto básico dessa compreensão de aprendizagem é que um indivíduo é agente de seu próprio conhecimento, ou seja, é o indivíduo que constrói seu conhecimento. Essa construção se dá a partir de hipóteses que ele lança sobre o fato ou fenômeno observado e se desenvolve pela atividade que ele exerce no nível do real e no nível das ideias (simbólico).

Para Piaget (1976), o ser humano constitui e amplia conceitos continuamente, mas essa ampliação depende de elementos internos e externos ao indivíduo. Para a constituição de um conceito, não é suficiente apenas a construção de significado, mas também o estabelecimento e a compreensão das relações múltiplas e possíveis existentes entre os significados. Ao compreender essa rede de relações, o indivíduo elabora categorias de pensamento que permitirão, por sua vez, a compreensão de redes de relações mais complexas. O autor exemplifica: não basta construir o significado da palavra ímã como significante de um objeto ferroso que gruda em outro; é preciso compreender como e por que isso ocorre, compreender qual a relação entre as cargas, compreender o que é campo magnético e relacionar esses fatos com fenômenos da natureza, como a queda dos raios.

A experiência direta com o fenômeno científico não dá conta da abrangência desse processo de aprendizagem. Há um movimento necessário a esse processo que só se realiza com a realimentação, ou seja, a atividade do ser humano depende de experiências, informações e dados que transformem o conhecimento já constituído.

Segundo Piaget (1990), a concepção de aprendizagem deve ser, portanto, a de um processo: o conhecimento se constitui ao longo de um tempo e de forma organizada. Ele caminha no sentido da complexidade crescente (o indivíduo vai de conceitos com menos elementos para conceitos mais abrangentes, com mais elementos). Finalmente, extrapola a noção de compreensão da palavra, dos objetos, para o conhecimento da língua, do fenômeno científico, das transformações da natureza, o que supõe uma dinâmica das relações.

A noção de aprendizagem para a Psicologia, como já dissemos anteriormente, apresenta mais de uma vertente teórica. Destacamos as principais: a que entende o aprender como ação individual e a que o entende como social. Na primeira, ela é genética, e a realização é individual. Na segunda, a possibilidade é genética, mas a realização é social. O indivíduo aprende a partir da interação com o meio, considerado, primordialmente, o mundo dos objetos, o mundo físico (das causalidades físicas) e da compreensão das relações existentes entre eles e os indivíduos. Na segunda, essa aprendizagem é constituída pela interação no meio, entendido como o físico, o humano e o das representações. A história do homem constitui o conhecimento socialmente posto, assim como a própria linguagem, e essa linguagem traz em si essa história. A contribuição dessa linha, cujos teóricos principais são Wallon e Vygotsky, foi ter considerado o fator cultural elemento constitutivo do desenvolvimento dos processos mentais. A cultura diz respeito não somente às formas de relação e interação entre as pessoas, mas também aos objetos que são culturalmente constituídos, definidos e inseridos.

O conhecimento tem, segundo essa vertente, a direção do social para o individual, porque ele está presente no meio e é pelas relações sociais que o indivíduo poderá constituí-lo, internalizando-o. Na primeira vertente, representada por Piaget, a direção é do individual para o social. Tanto na abordagem teórica de Piaget como na de Wallon e Vygotsky constata-se, de forma marcante e inegável, a evidência de que a atividade de aprender é de extrema complexidade.

A complexidade da atividade de aprender

Ao analisar o processo de aprender com mais atenção, a primeira coisa que observamos é a sua complexidade, pois não se trata apenas de entrar em contato com o objeto[1] do conhecimento. Trata-se de construí-lo, apropriar-se dele, tarefa que impõe um trabalho organizado por parte dos indivíduos envolvidos, tanto o que ensina como o que aprende.

Aprender envolve várias funções psíquicas, depende de vários elementos e se dá ao longo de um tempo que, por sua vez, não é curto. A questão que se coloca aqui é a da permanência no tempo: o processo de aprender se coloca no tempo de acordo com o conteúdo e as possibilidades reais e potenciais do indivíduo para elaborar esse conteúdo. Ele não é, portanto, instantâneo nem se configura como um fenômeno. É um processo, e como tal, é constituído de estágios sucessivos de complexidade crescente do ato mental. Ocorre em função de vários fatores conjugados, cuja ausência geralmente impede que a aprendizagem ocorra. Um dos fatores é a ação do indivíduo no meio físico, isto é, a experimentação direta, considerada fundamental em certas etapas. Por si só, não garante a elaboração do conhecimento.

---

[1] Nesse sentido, o objeto é todo elemento que interage com o sujeito por meio das ações deste.

O conhecimento depende de outras formas de atividade, como a reflexão sobre a ação no meio físico. Poderíamos dizer que essa atividade se dá no nível das ideias e das representações. O ser humano precisa superar a experiência sensível, internalizando-a por meio de representações. Ao realizar esse "trabalho" com o conhecimento é que se constituirão os processos mentais.

Piaget (1975) escreveu que a inteligência, em seu primeiro período de desenvolvimento, é sensório-motora. Tanto que ela se manifesta por um conhecimento prático das coisas ou um saber fazer que permita ao indivíduo interagir com seu ambiente. Nessa fase inicial, o que permite à criança adaptar-se ao mundo que a cerca são os esquemas motores que ela forma mediante o contato com os objetos. Durante aproximadamente dois anos de sua vida, todo o conhecimento do indivíduo se manifesta nas coordenações de suas ações, isto é, seus esquemas. É pelos movimentos que o sujeito se adapta, se desenvolve e forma o pensamento. Após esse período, o que vem logo a seguir se caracteriza pela passagem da ação à representação mental, e um dos indícios dessa passagem é o surgimento da linguagem, a qual permite ao sujeito expressar verbalmente uma representação simbólica. Isso significa que o pensamento como uma ação mental, que se realiza graças às coordenações internas, é decorrente de uma forma anterior de inteligência (prática ou sensório-motora), que permite, durante certo período da vida do sujeito, suas ações físicas.

Em outra obra, Piaget (1979) afirma que a passagem da ação física à representação não se dá repentinamente, pois é um processo trabalhoso em que toda a dificuldade de organização do mundo real pelo sujeito em seu primeiro período de desenvolvimento cognitivo volta a se repetir no plano simbólico, estendendo-se até a idade de seis ou sete anos aproximadamente. Nessa segunda fase do desenvolvimento da inteligência, o sujeito apresenta ainda uma grande dependência das ações físicas, inclusive porque o pensamento permanecerá precedido por elas em qualquer situação.

Ao final do período "pré-operatório", em que termina esse processo de organização, no plano simbólico, daquilo que o sujeito já havia organizado no plano motor, surgem os primeiros indícios de uma inteligência operatória, e durante o transcorrer de todo esse período, denominado por Piaget e Inhelder (1978) "operatório concreto", as operações mentais características dessa fase, como as de seriação, classificação e correspondência, por exemplo, dar-se-ão somente em relação à manipulação dos objetos. Isso diminui a dependência das ações mentais para com as ações físicas, mas não diminui a importância destas, uma vez que ainda será impossível ao sujeito criar situações hipotéticas, e, por isso mesmo, sua inteligência, agora operatória, continuará intimamente ligada aos objetos concretos do meio ambiente. Segundo os autores, essa característica será superada por uma nova forma de pensamento, mais ou menos aos 11 anos de idade – a inteligência hipotético-dedutiva.

O educador, responsável social pela transmissão da cultura historicamente acumulada, deve permanecer atento não somente aos níveis de conhecimento dos seus alunos, mas também às diferenças advindas das experiências de vida e de fatores sociais.

Piaget (1979) ressalta, sobremaneira, a importância da operação durante o processo de construção do conhecimento. Entendida como mobilização dos esquemas já construídos pelo sujeito, sua principal característica é a autonomia no pensar e no agir, que faz do aprendiz o responsável pela formação do próprio conhecimento.

Segundo Piaget e Inhelder (1978), o conhecimento é resultante não das estruturas inatas, pré-formadas do sujeito nem das imposições do meio, mas das interações entre o sujeito e o objeto, num processo constante de assimilação das coisas do mundo real pelo sujeito às suas estruturas, ao mesmo tempo que se acomoda, isto é, se ajusta às características do objeto. Ou seja, quanto mais o sujeito interage com os objetos, mais tem necessidade de se transformar para poder assimilá-los. Sobre esse aspecto, Macedo (1979) destaca que a cada interação o sujeito é modificado pelo objeto, mas é a ação desse sujeito sobre o objeto que dá sentido a este, e isso equivale a transformá-lo.

No sistema piagetiano, a inteligência, independentemente de seu conteúdo e nível de desenvolvimento, é definida por dois aspectos independentes: organização e adaptação. Ambos estão presentes em qualquer forma de inteligência e são, por isso, conhecidos como invariantes funcionais. Em cada momento particular do desenvolvimento, o processo adaptativo dá lugar a uma forma determinada de organização do conhecimento, cujas características são variáveis em relação a outros momentos evolutivos. Nesse contexto, as atividades elaboradas com o sentido de fazer o aluno refletir sobre o tema estudado assumem importantes aspectos no desenvolvimento da inteligência e, podemos inferir, da formação.

Trata-se de atividades nas quais a criança age sobre o mundo, a fim de torná-lo o seu próprio mundo. Cada nova estrutura é assimilada mediante a integração e a coordenação dos esquemas já existentes. Assim, o conhecimento não é informação fornecida pelo meio ou simplesmente copiada, mas uma elaboração pessoal que se constrói pela sucessão de etapas, onde cada uma delas representa um estágio importante na construção do saber. O que marca essa evolução é a atividade essencialmente inteligente do aprendiz, que formula hipóteses, antecipa os resultados, surpreende-se com as irregularidades, entra em conflito e, em função deste, pode até reconstruir novas concepções e ideias.

Quando o educando se depara com uma tarefa que contenha, entre seus elementos, algum que represente uma novidade, o sujeito tentará, num primeiro momento, realizá-la utilizando os meios conhecidos. Uma vez estabelecida a necessidade do sujeito de agir para encontrar a solução do problema, ele passa a viver as possíveis contradições entre os esquemas de que dispõe e aqueles efetivamente necessários para realizar a ação.

Para Freire (1982), é a tomada da consciência da contradição que constitui um dos elementos mais importantes da ação pedagógica, porque o sujeito se sentirá perturbado e procurará superar a contradição voltando suas preocupações para os meios utilizados na ação e para pontos mais centrais do objeto.

Em Piaget (1977), encontramos que as contradições equivalem a desequilíbrios momentâneos causados pela insuficiência do estado anterior do sujeito diante da situação apresentada; por exemplo, entre um esquema de saltar e a ação de saltar para segurar uma bola. Se o sujeito tomar consciência dessa contradição a partir do resultado da ação, voltará suas ações para os meios que empregou, incluindo entre eles um novo ou substituindo aquele que considerou inadequado por outro. Ao mesmo tempo, essa tomada de consciência dos mecanismos da ação ou de regiões mais centrais do objeto significa conceituar esses elementos, elevando assim o nível da compreensão.

O resultado é que, ao superar essa contradição por meio da inclusão de novos meios na ação, ou substituindo outros, por exemplo, o sujeito atingirá um nível superior de equilíbrio, pois essa superação é sempre para melhor, já que, a cada tomada de consciência, os novos conceitos consistem numa reestruturação dos anteriores.

Segundo Piaget (1975), a reversibilidade é uma característica das ações mentais e é o ponto de chegada do pensamento operatório, não existe no plano das atividades motoras. Mas a importância destas não deixa de existir apesar da inteligência operatória; concreta ou formal, porque elas representam a ligação entre o sujeito e o mundo físico. Dessa originalidade característica das ações motoras se infere que elas acrescentam sempre algo de novo ao conhecimento já formado pelo sujeito.

Se as ações motoras são geradoras de conhecimento, nem por isso este será necessariamente consciente para o sujeito, pois, conforme foi mencionado, o fato de poder fazer não garante que o sujeito pense sobre o que faz, mesmo porque o avanço na idade e a crescente conquista de habilidades conceituais, atitudinais e procedimentais implica numa menor consciência sobre as ações. Essa, aliás, foi uma das questões abordadas por Piaget (1983). O que se pode deduzir desse estudo é que, da mesma maneira como escapa à consciência do sujeito o funcionamento de suas estruturas cognitivas até níveis superiores do pensamento, também permanecem quase totalmente alheios à consciência os esquemas motores utilizados na ação.

Segundo Piaget (1978a), o fato de alguns esquemas sensório-motores se tornarem conscientes enquanto outros permanecem inconscientes ocorre porque estes últimos são contraditórios com certas ideias conscientes anteriores; por exemplo, para acertar uma torre de latas com o arremesso de uma bola, o executante deverá posicionar-se de frente para o alvo. Se o sujeito consegue realizar a ação com êxito, é porque a compreendeu, mas essa compreensão poderá ficar restrita ao plano da ação e ser, como nos diz Piaget (1977): "eliminada da conceituação consciente, como uma espécie de rejeição ou repressão, na medida em que é incompatível com os outros conceitos adotados" (p. 176).

A repressão da conceituação sobre o esquema gera uma perturbação que será compensada na medida em que o esquema exerce pressão em sentido contrário até vencer a rejeição. A compensação dessa perturbação, que consiste numa regulação, é importante na medida em que leva à tomada de consciência dos meios da ação e pelas modificações que impõe sobre a conceituação, e como nos diz Piaget (1977): "neste terreno restrito, é impor assim uma reorganização que é uma reconstrução" (p. 184).

É importante então salientar, e pode se situar aí um dos mais sérios problemas da escola, que para uma educação integral que tenha por objetivo óbvio o desenvolvimento do indivíduo em todos os planos, não é suficiente o simples fazer, pois, mesmo admitindo o fato de que esse fazer é sempre gerador de conhecimento, não podemos esquecer que ele poderá permanecer limitado ao inconsciente cognitivo, fora do acesso ao pensamento consciente do sujeito. Se algumas atividades escolares estimulam o estudante à reflexão sem, contudo, estabelecerem um vínculo entre e a simbologia que utilizam e a realidade física, a atividade conduzida de maneira exclusivamente procedimental estimula em grande medida o fazer motor, pouco exigindo da reflexão.

Piaget (1983) reforça essa ideia ao afirmar que "quando uma conduta é bem adaptada e funciona sem dificuldade, não há razão de procurar analisar conscientemente seus mecanismos" (p. 41). Comumente, é isso o que ocorre quando as atividades mostram-se repetitivas: ou o indivíduo repete constantemente seus hábitos por meio de habilidades adquiridas muitas vezes no meio extraescolar, ou recebe do professor as soluções para os problemas surgidos, o que prejudica a tomada de consciência dos meios empregados na ação.

No caso da assimilação de novos objetos, Piaget (1977) escreve que haverá também perturbação, porquanto os objetos forem colocados em confronto com aqueles que já haviam sido assimilados nos esquemas conceituais anteriores do sujeito. As perturbações são resultado do desequilíbrio ou das contradições geradas pelos novos elementos da ação. É nesse momento que, na opinião do autor, surge um novo fato muito importante na melhora do nível de compreensão do sujeito, pois os desequilíbrios desencadeiam as "reequilibrações majorantes", que significam a ultrapassagem de um nível para outro, superior, uma vez que a insuficiência do estado de equilíbrio anterior foi responsável pelo conflito surgido. Graças às regulações orgânicas do sujeito, o evidente desequilíbrio tende a ser compensado pela mobilização dos esquemas de conhecimento, e o resultado é uma nova forma de equilíbrio, melhor que a anterior.

O termo "regulação" é utilizado aqui no sentido que lhe deu Piaget (1977): a "regulação consiste em compensar uma perturbação" (p. 184). Para Piaget, existe regulação quando a repetição de uma ação é modificada pelos resultados desta e ela pode se manifestar para corrigir a ação (*feedback* negativo) ou para reforçá-la (*feedback* positivo). Isso pode ser facilmente entendido quando o sujeito, em uma determinada ação e orientado por seu fracasso, busca novos meios ou hesita entre aqueles de que dispõe, para que, na repetição da ação empreendida, possa chegar ao êxito. Nesse caso, caracteriza-se uma regulação por correção (*feedback* negativo), ou ainda, quando se dá conta de que, mesmo podendo utilizar os meios da ação anterior que garantiram um relativo êxito, persiste uma lacuna que deve ser preenchida por um novo meio.

Conforme depreendemos, só poderá haver regulação e, consequentemente, reequilibração se houver perturbação. Isso é o que mais interessa para a ação pedagógica, uma vez que indivíduos não perturbados não se desequilibram e, obviamente, não são estimulados a mobilizar seus esquemas para alcançar níveis mais elevados de conhecimento.

Todo conhecimento adquirido pelo sujeito lhe permite atingir sempre um novo patamar de equilíbrio, ultrapassando seguidamente, dessa forma, os patamares anteriores. Para Piaget (1977), "qualquer conhecimento consiste em levantar problemas novos à medida que resolve os precedentes" (p. 45).

Na ótica piagetiana o conhecimento é retirado, pelo sujeito, das coordenações das ações motoras, por meio de "abstrações reflexivas". São essas coordenações que garantem a realização da ação e, quando elas ocorrem, são abstraídas desse plano motor e organizadas no plano mental, com características diferentes das coordenações motoras. Entretanto, Piaget (1978b) alertou que somente as ações que contenham novidades e gerem, por isso, as contradições podem, pela tomada de consciência, alcançar esse objetivo, pois tomar consciência significa construir no plano consciente aquilo que já existia no inconsciente.

O conhecimento tornado consciente gerará novas abstrações e, consequentemente, novos conhecimentos em graus cada vez mais elevados. É assim que, de maneira geral, se explica o progresso nas operações, desde as concretas até as dos mais elevados níveis.

Na teoria de Piaget, o conhecimento objetivo aparece como uma construção, e não como um dado inicial. O caminho em direção a esse conhecimento objetivo não é linear, não nos aproximamos dele passo a passo, juntando peças de conhecimento umas sobre as outras, mas sim por meio de grandes reestruturações globais, algumas das quais são errôneas (no que se refere ao ponto final), porém construtivas (na medida em que permitem aceder a ele).

Segundo Le Boulch (1988), a maturação das diferentes funções psicomotoras relaciona-se com as possibilidades de aprendizagem. Com efeito, não é difícil entender que o desenvolvimento harmônico do potencial psicomotor facilita a ação daquele que age para compreender. No entanto, o valor da ação humana não é simplesmente instrumental; ela é também conhecimento, exigindo, tal como no plano das elaborações mentais, uma participação ativa do sujeito inteligente.

Para esse autor, o que diferencia as condutas motoras dos automatismos inatos é justamente o fator aprendizagem. Evidentemente, esta pode ser consequência de uma experiência vivida ou de uma ação educativa sistemática. Uma vez conquistadas, as praxias[2] podem até se beneficiar de exercícios e repetições que, de certa forma, contribuem para fixação e aperfeiçoamento. Contudo, o exercício ou a técnica não substitui a aprendizagem, possibilitada pela compreensão da situação-problema e da consciência mais ou menos clara que orienta a intencionalidade da ação.

Com isso podemos inferir que, se a elaboração dos processos cognitivos (descrita por Piaget) requer a atuação do homem criativo e inteligente, a busca das formas de manifestação do ser (proposta por Le Boulch) exige, igualmente, participação ativa, consciente e intelectiva, numa ação que está longe de ser aleatória.

Para Macedo (1992), a construção de conhecimentos implica num esforço cognitivo incompatível com a aprendizagem passiva. Assim, as práticas que levam o educando à convicção de que o conhecimento é algo que os outros possuem e que só se pode obter da boca dos outros, que o levam a pensar que o que existe para se conhecer já foi estabelecido, deixam-no de fora desse processo, como mero espectador na construção do conhecimento, sem nunca encontrar respostas aos porquês e para quês.

Se for aceita a premissa piagetiana de que a aprendizagem se dá por meio da ação do sujeito sobre os objetos de conhecimento,

---

[2] Praxias são, para Le Boulch, movimentos estabelecidos em função de um resultado.

mediante a assimilação de formas e conteúdos do objeto, modificando assim o próprio sujeito, estaremos a considerar que os alunos aprendem os conteúdos escolares graças a um processo de construção pessoal. O que permite falar de construção de conhecimento é precisamente a ideia de que aprender algo equivale a elaborar uma representação pessoal do conteúdo objeto de aprendizagem. Essa representação não se realiza em uma mente em branco, mas em alunos com conhecimentos que lhes servem para "enganchar" o novo conteúdo, o que lhes possibilita atribuir algum grau de significado. O gancho, ou vinculação, não é automático, pois resulta de um processo ativo de quem aprende, o que permitirá reorganizar e enriquecer o próprio conhecimento. O professor se torna um participante ativo do processo de construção do conhecimento, cujo centro não é a matéria, mas o aluno que atua sobre o conteúdo que deve aprender.

Assim, essa concepção caracteriza-se por considerar os alunos construtores ativos, e não seres passivos, e pelo fato de o professor realmente se envolver com a criação de condições para que construam conhecimentos. O aluno é estimulado a atuar, a apoderar-se do seu próprio processo de ensino, modificando a postura tradicional de espera e execução de atos expostos pelo professor. O professor oferece as condições para a execução das atividades, e os alunos, diante dos desafios propostos, procuram superá-los, coletiva ou individualmente. Essa perspectiva destaca-se por não apresentar as formas prévias de solução das tarefas. Os alunos são instados a buscar as próprias soluções, que, por sua vez, são confrontadas com as demais.

Para Mauri (1998), importa ensinar o aluno a aprender a aprender e ajudá-lo a compreender que, quando aprende, não deve levar em conta apenas o conteúdo objeto da aprendizagem, mas também como se organiza e atua para aprender. Por sua parte, o ensino é entendido como um conjunto de ajudas ao aluno no processo pessoal de construção do conhecimento e na elaboração do próprio desenvolvimento. Posto que a construção do conhecimento formal seja um dos objetivos da escola, ele requer, pela sua própria natureza, uma forma distinta de atividade para que o indivíduo possa aprendê-lo e tê-lo disponível.

Ensino e aprendizagem não são duas atividades distintas que podem ser colocadas dicotomicamente ou em dois pólos. A relação entre elas é dialética, o que nos leva a entendê-las como uma forma única de atividade: a de conhecer, aprender ou construir conhecimento.

Na história do ser humano, deparamo-nos com duas formas de conhecimento: o conhecimento do cotidiano e o conhecimento formal. Embora elas não devam ser encaradas como dicotômicas entre si, entre uma e outra há uma distância importante, e o processo para percorrê-la implica atividades complexas.

Essa colocação já foi feita por Wallon (1995), quando dizia que submeter a aquisição de conhecimentos às invenções que a criança pode realizar levaria a criança a uma situação de distância desproporcional entre suas capacidades espontâneas e a imensa herança social que ela deverá levar adiante. Em outras palavras, seria não compreender o percurso cognitivo que ela precisa fazer entre seu conhecimento do cotidiano e o conhecimento formal.

Não se trata, portanto, de dar continuidade à experiência do cotidiano que o aluno traz, mas de transformá-la à luz do próprio conhecimento. Isso implica o confronto entre os conceitos mais fragmentados que a criança constitui no cotidiano e o conhecimento organizado. Mas esse confronto não é meramente de conteúdo. Ele é, também, de processos de construção de significado, ou seja, a construção do conhecimento formal é diferente da construção do conhecimento cotidiano no que se refere às categorias de pensamento que os organizam e os elaboram. Em outras palavras, a própria possibilidade de se apropriar do conhecimento formal dependerá da existência de categorias de análise, de processos de pensamento que só são constituídos quando o indivíduo entra em relação com o conhecimento formal.

Não é o caso, evidentemente, de se estabelecer hierarquias, mas de se reconhecer tão e simplesmente a especificidade dos processos psíquicos envolvidos nessas elaborações.

Coll (1998) argumenta que a vivência direta com o fenômeno científico por meio de um processo de observação e explanação do conceito, embora aumente o repertório de informações dos alunos, pode não levar à construção e/ou à ampliação do conceito, uma vez que a organização da informação recebida, tanto em nível perceptivo como informativo, revela-se como uma atividade mais complexa que a experiência sensível e a memorização do enunciado do conceito. Quando a aula é desenvolvida dessa maneira, com alguma probabilidade, o conhecimento será adquirido de maneira fragmentada e sua organização em conceitos mais complexos dependerá de trabalhos posteriores.

Alguns alunos poderão apresentar um desempenho maior em função de seu nível de informação anterior e das competências cognitivas que já desenvolveram, caso esses elementos sejam mobilizados durante as aulas. Essas ocasiões, no entanto, são mais raras, pois o professor, sobretudo nas séries iniciais do Ensino Fundamental, normalmente diversifica as formas de interação com os alunos, escapando de uma postura meramente expositiva dos conceitos. Mesmo assim, alguns alunos chegam a formular um conceito mais completo pela tentativa de ajustar-se ao nível da exigência, condição necessária para compreender o novo conhecimento apresentado.

As implicações da concepção de aprendizagem na ação pedagógica

É importante salientar, de início, que o construtivismo não é uma proposta pedagógica, é uma teoria da área da Psicologia do Desenvolvimento e da Epistemologia. Como todo conhecimento da Psicologia, deve ser entendido nos limites de sua própria área. Não é um conhecimento absoluto que dê conta da complexidade da ação de quem ensina e de quem aprende.

Conforme apresentado nas páginas antecedentes, a noção de construção de conhecimento no ser humano tem profundas implicações na Pedagogia. Inicialmente, temos o fato de que a relação professor-aluno é mediada pelo conhecimento, ou seja, é o conhecimento que cria e regula as ações e interações entre os indivíduos envolvidos na atividade de ensino e de aprendizagem.

Assim, à noção comum de ensino-aprendizagem, geralmente entendida como dois pólos de uma situação na qual participam educador e educandos, precisa ser acrescido o conhecimento, pois é em torno dele que se dá a ação. Na verdade, não há uma ação de ensinar e uma ação de aprender, distanciadas no tempo. A aprendizagem não se reduz à relação educador-educando, professor-aprendiz. Ela ocorre em várias outras instâncias, mas cabe também ao educador orientar o aluno e dirigi-lo para essas outras possibilidades. Como diz Hernández (1998):

> a natureza do conhecimento não tem que ser apenas acadêmica, também pode ser de senso comum, fruto da experiência cotidiana ou relacionado com outros conhecimentos organizados não necessariamente científicos. Um menino ou uma menina brasileira, que viveu numa época de inflação, ou na situação atual na qual dominam os pagamentos a prazo e os juros bancários e do comércio, pode entender noções da economia (que "vive" diariamente) e da matemática (porcentagens, regra de três, juros simples) sem possuir conhecimentos organizados dessas disciplinas. (p. 29)

Dessa forma, como bem diz Freire (1976), o aprender não se inicia na situação de ensino nem se limita a ela. Construir o conhecimento não é uma ação dada geneticamente; há procedimentos necessários para construí-lo. O ato de conhecer é constituído, necessariamente, por um conteúdo e por uma forma de apreensão e apropriação que se efetua por meio de uma relação complexa entre o educador e o educando. Ensinar não é só transmitir conteúdos, mas desenvolver as formas possíveis de ação para elaboração desse conteúdo. Ensinar implica trabalhar com o educando para que construa conhecimento formal ou dele ou se aproprie. Para tanto, devem ser conhecidas as estratégias que o ser humano utiliza a cada período de desenvolvimento para construir conhecimento.

O tempo para aprender, geralmente, não é um tempo curto, pois a construção e o desenvolvimento dos conceitos são feitos progressivamente e dependem de sucessivas retomadas de um mesmo conteúdo. Se há um processo, o professor precisa identificar o nível de desenvolvimento dos educandos para intervir de maneira que nem repita o que o aluno já fez ou já sabe, nem dê saltos muito grandes que impossibilitem estabelecer ligações e, portanto, aprender. Atento às ligações necessárias, Vygotsky (1989) colabora com a Pedagogia mediante seu conceito de Zona de Desenvolvimento Proximal: o conteúdo do ensino não pode estar muito distante dos níveis de conhecimento já construídos pelo aprendiz, o objeto de ensino deve ser algo capaz de ser compreendido/realizado em nível potencial, ou seja, com a ajuda do outro.

A didática deve extrapolar seu enfoque habitual da situação de ensinar, para trazer ao educando elementos que lhe permitam olhar e compreender seu próprio percurso de construção de conhecimento, ou seja, refletir sobre sua própria ação de aprender. Somente dessa forma a atividade envolvida na situação de aprendiz poderá chegar ao nível da consciência do aluno. Trazer o conhecimento ao nível da consciência é a tarefa mais complexa do educador, porque implica conhecer, além do conteúdo de sua matéria, o indivíduo cognoscente: em que nível real e potencial de desenvolvimento ele se encontra, quais as estratégias de que dispõe, como pode utilizá-las e como ele, sucessivamente, constitui um conhecimento novo.

É somente por meio dessa ação – mais custosa, sem dúvida – de trabalhar com o aluno não somente o conteúdo, mas a forma, o procedimento de aprender, que será possível a aquisição efetiva de conhecimento que modifica e amplia o que possuía inicialmente.

Toda ação pedagógica que se restrinja somente ao conteúdo ou somente à forma (técnica) estará fadada ao insucesso, e o mesmo ocorrerá se ela se limitar ao trabalho com os elementos que o aluno apresenta espontaneamente. De forma semelhante, afirma Macedo (1994) que o ato de conhecer vai depender de conteúdos e de atividades mais complexos que se proporcionem conjuntamente à criança, com a preocupação de criar e desenvolver nela uma forma de entrar em relação com o próprio conhecimento que enfatize a curiosidade, o questionamento e a reflexão.

Chegando a esse ponto, falaremos do ensino. Na concepção construtivista, o papel ativo e protagonista do aluno não se contrapõe à necessidade de um papel igualmente ativo por parte do educador. É ele quem dispõe as condições para que a construção que o aluno faz seja mais ampla ou mais restrita, se oriente num sentido ou noutro, por meio da observação dos alunos, da ajuda que lhes proporciona para utilizarem seus conhecimentos prévios, da apresentação que faz dos conteúdos, mostrando seus principais elementos, relacionando-os com o que os alunos sabem e vivem, proporcionando-lhes experiências para que possam explorá-los, compará-los, analisá-los conjuntamente e de forma autônoma, utilizá-los em situações diversas, avaliando a situação em seu conjunto e reconduzindo-a quando considerar necessário. Coll (1998) expõe que a natureza da intervenção pedagógica estabelece os parâmetros em que pode se mover a atividade mental do aluno, passando por momentos sucessivos de equilíbrio, desequilíbrio e reequilíbrio.

Assim, concebemos a intervenção pedagógica como uma ajuda adaptada ao processo de construção do aluno; uma intervenção que vai criando aquelas Zonas de Desenvolvimento Proximal citadas anteriormente e que ajuda os alunos a percorrê-las. Portanto, a situação de ensino e aprendizagem também pode ser considerada um processo dirigido a superar desafios, que possam ser enfrentados e que façam avançar um pouco mais além do ponto de partida. É evidente que esse ponto não está definido apenas pelo que se sabe. Na disposição para a aprendizagem – e na possibilidade de torná-la significativa – as intervenções pedagógicas atuam nas estruturas cognitivas, sociais, afetivas e psicomotoras já construídas, ou seja, os novos conteúdos interferirão conforme sua tipologia nos seus aspectos conceituais, atitudinais e procedimentais.

Os alunos, segundo Solé (2000), percebem a si mesmos e percebem as situações de ensino e aprendizagem de uma maneira determinada, e essa percepção – como eles se sentem diante das atividades propostas pelo professor; como eles interagem em grupos durante as aulas; o que sentem os alunos quando chamados a ir até o quadro negro ou expor o que sabem para a turma toda – influi na maneira de se situar diante dos novos conteúdos e, muito provavelmente, nos resultados que serão obtidos.

Por sua vez, Coll et al. (1996) expõem que esses resultados não têm um efeito, por assim dizer, exclusivamente cognitivo. Também incidem no autoconceito e na forma de perceber a escola, o professor e os colegas e, portanto, na forma de se relacionar com eles. Incidem nas diversas capacidades das pessoas, em suas competências e em seu bem-estar.

A concepção construtivista, da qual o mencionado anteriormente não é mais do que um apontamento, parte da complexidade intrínseca dos processos de ensinar e aprender e, ao mesmo tempo, de sua potencialidade para explicar o crescimento das pessoas. Apesar de todas as perguntas que ainda restam por responder, é útil porque permite formular outras novas, respondê-las desde um marco coerente e, especialmente, porque oferece critérios para avançar.

Nessa acepção, a aprendizagem como parte do processo mais amplo da educação não pode ser unidirecional no sentido educador-educando, pois como tal, entende Freire (1976), seria domesticadora, e não libertadora; deve transitar em ambos os sentidos, dialeticamente, de tal modo que o educador, além de ensinar, passe a aprender, e o educando, além de aprender, passe a ensinar.

Se a educação e, portanto, a aprendizagem verdadeira só são possíveis no plano das influências mútuas dos homens entre si, então a dimensão política faz parte do próprio cerne do processo educativo. Como alerta Freire (1979), há modelos de educação que levam mais ao mutismo do que à fala, e dizer sua palavra – a palavra como ação e reflexão; palavra como práxis – é uma necessidade de quem busca participar da construção de sua sociedade; impõe-se uma mudança (não reforma) não só da educação, mas da própria sociedade.

Esse processo de construção e mudança é, por si mesmo, educativo. É na ação concreta, histórica que o homem aprende a refletir, e é refletindo que melhora sua participação, ao mesmo tempo que se sente carente dos instrumentos de que precisa, como mais conhecimento e preparo para a vida.

Percebe-se como a educação e a aprendizagem transcendem a escola ao mesmo tempo que dela não podem prescindir, pois é ela ainda a única instância, para a maioria dos brasileiros, de apropriação dos instrumentos formais, ou seja, daquelas "competências" de que necessita para operar essa mudança.

Vemos em que ponto as duas teorias se coadunam: o homem só compreende bem aquilo que faz, e só faz bem o que compreende – fazer e compreender (Piaget) equivale a agir e refletir (Freire) desde que dialeticamente entendidos; tomada de consciência (Piaget) e processo de conscientização (Freire) são processos parecidos, na opinião do estudioso das duas teorias (Becker, 1993), talvez quase idênticos, sobretudo no que têm de atividade criadora e inventiva, desde que entendidos como função da ação do próprio homem, e não de um ensino unidirecional ou de uma repetitiva doutrinação.

O critério que orienta a escolha do melhor conteúdo é o que aponta para a possibilidade do exercício da cidadania, da inserção criativa na sociedade. Por que e para que ensinar determinados conceitos? Por que e para que ensinar determinados procedimentos? Por que e para que ensinar determinadas atitudes?

> essa escolha vai permitir que avance o processo de democratização da sociedade, que os indivíduos exerçam seus direitos, vivam com dignidade, desenvolvam sua criatividade, juntos na reafirmação constante do compromisso com a realização do bem público, comum a todos, que não pode ser apropriado isoladamente por ninguém. (Rios, 2001, p. 137)

Não se pode dizer que a educação, entendida segundo o processo de tomada de consciência em Piaget e segundo o processo de conscientização em Freire, realizará, por si só, uma nova sociedade, mais justa, mais igualitária. Pode-se dizer, sim, que o educador que quiser contribuir para esse processo não pode continuar a participar de uma educação reprodutora mediante uma proposta de ensino calcada em uma concepção de aprendizagem de caráter repetitivo, infelizmente ainda presente em algumas das nossas escolas.

Resumidamente, podemos dizer que a concepção de aprendizagem exposta considera o desenvolvimento um processo contínuo, que depende da ação do sujeito e de sua interação com os objetos. Como a educação tem por objetivo promover esse desenvolvimento, também deve ser entendida como um processo, cujo aspecto central é valorizar e favorecer o crescimento do sujeito por seus próprios meios, oferecendo condições para que isso aconteça.

Referências

BECKER, F. *Da ação à operação:* o caminho da aprendizagem em J. Piaget e P. Freire. Porto Alegre: Palmarinca – Educação & Realidade, 1993.

COLL, C. *O construtivismo na sala de aula.* São Paulo: Ática, 1998.

COLL, C. et al. *Desenvolvimento psicológico e educação.* Volume II. Porto Alegre: Artes Médicas, 1996.

FREIRE, J. B. *As relações entre o fazer e o compreender na prática da Educação Física* (dissertação de mestrado) – Universidade de São Paulo, Escola de Educação Física, 1982.

FREIRE, P. *Educação como prática de liberdade.* Rio de Janeiro: Paz e Terra, 1976.

_____. *Educação e mudança.* Rio de Janeiro: Paz e Terra, 1979.

HERNÁNDEZ, F. *Transgressão e mudança na educação:* os projetos de trabalho. Porto Alegre: Artmed, 1998.

LE BOULCH, J. *Rumo a uma ciência do movimento humano.* Porto Alegre: Artes Médicas, 1988.

MACEDO, L. DE. Os processos de equilibração majorante. *Ciência e cultura,* v. 31, n. 10, 1125-28, p. 119-40, 1979.

_____. Para uma Psicopedagogia construtivista. In: ALENCAR, E. (org.). *Novas contribuições da Psicologia aos processos de ensino e aprendizagem.* São Paulo: Cortez, 1992.

_____. *Ensaios construtivistas.* São Paulo: Casa do Psicólogo, 1994.

MAURI, T. O que faz com que o aluno e a aluna aprendam os conteúdos escolares? A natureza ativa da construção de conhecimento. In: COLL, C. *O construtivismo na sala de aula.* São Paulo: Ática, 1998. p. 72-122.

PARO, V. H. *Por dentro da escola pública.* São Paulo: Xamã, 1996.

PIAGET, J. *O nascimento da inteligência na criança*. Rio de Janeiro: Zahar, 1975.

_____. *Psicologia e Pedagogia*. Rio de Janeiro: Forense, 1976.

_____. *O desenvolvimento do pensamento*. Lisboa: Dom Quixote, 1977.

_____. *Fazer e compreender*. São Paulo: Melhoramentos/EDUSP, 1978a.

_____. *A tomada de consciência*. São Paulo: Melhoramentos, 1978b.

_____. *A construção do real na criança*. Rio de Janeiro: Zahar, 1979.

_____. *Problemas de Psicologia genética*. Lisboa: Dom Quixote, 1983.

_____. *Seis estudos de Psicologia*. Lisboa: Dom Quixote, 1990.

PIAGET, J.; GRECO, P. *Aprendizagem e conhecimento*. Rio de Janeiro: Freitas Bastos, 1974.

PIAGET, J.; INHELDER, B. *A Psicologia da criança*. Rio de Janeiro: Difel, 1978.

RIOS, T. A. *Compreender e ensinar*: por uma docência da melhor qualidade. São Paulo: Cortez, 2001.

SOLÉ, I. *O assessoramento psicopedagógico*: uma perspectiva profissional e construtivista. Porto Alegre: Artes Médicas, 2000.

VYGOTSKY, L. S. *A formação social da mente*. São Paulo: Martins Fontes, 1989.

WALLON, H. *As origens do caráter na criança*. São Paulo: Nova Alexandria, 1995.

ZABALA, A. *A prática educativa*. Porto Alegre: Artmed, 1998.

6

Planejamento das ações didáticas

R euniões de planejamento para montagem da proposta pedagógica da escola, infelizmente, ainda são raras em algumas instituições. Dependendo da escola ou do sistema a que pertence a unidade, esses encontros são chamados de reuniões para o trabalho coletivo, podendo fazer parte da carga horária semanal dos docentes ou figurar esporadicamente no calendário anual. São bastante comuns naquela semana em que a escola retoma as atividades, no final de janeiro ou de julho. Projeto pedagógico ou projeto político-pedagógico são as denominações atribuídas ao "documento de identidade" da escola e que, *grosso modo*, aponta as intenções da equipe escolar,[1] bem como os rumos de atuação. O essencial é seu caráter coletivo, o princípio de interpretar a realidade específica de cada instituição e pensar o currículo a ser colocado em ação.

---

[1] O termo *equipe escolar*, neste texto, representa todos os profissionais da educação que atuam numa dada unidade.

Muito embora em alguns casos o planejamento seja tomado como uma atividade eminentemente burocrática e distanciada do fazer cotidiano, neste texto tal visão é superada para focalizar a importância da adoção de ações coletivas, discutidas democraticamente e voltadas para os alunos e alunas, tendo em vista as necessidades da comunidade e sua interlocução com o processo de escolarização. Ora, não é mais possível prosseguir com o distanciamento e a ausência de diálogo que caracterizam o cotidiano de algumas instituições.

O início de uma ação coletiva pode ser o convite para que a equipe escolar reflita sobre o próprio significado do planejamento (ou da falta dele); o que significa planejar; para que serve o planejamento; por que (não) realizá-lo; a quais objetivos atende; que função cumpre; o que esperar dele; quando e como realizá-lo para dele extrair o maior proveito; e quais seus limites e suas possibilidades.

Mediante uma perspectiva crítica com relação ao planejamento foram elaboradas algumas reflexões a respeito da construção do projeto da escola e a correspondente inserção dos componentes curriculares, tema atual e repleto de aspectos obscuros entre os educadores.

Tem sido corriqueiro cercar o projeto pedagógico de mitificações, simplificações, aligeiramentos, banalizações, euforias, encantamentos e preconceitos. Em meio a esse cenário, não raro, boas ideias têm sido sacrificadas em favor de outras, superficiais e acidentais. Tanto as questões metodológicas quanto as filosóficas precisam passar pelo crivo da crítica para que modismos e crenças infundadas não substituam ações fundamentadas, provindas de investigações criteriosas e necessárias para uma prática educacional consistente e comprometida com o desenvolvimento do educando, razão de todo fazer pedagógico.

Para entendermos o significado de projeto pedagógico, comecemos indagando o sentido de projeto.

O que é projeto?

Fonseca (2004) nos convida a prestar atenção e perceber que projeto é uma palavra que ouvimos, lemos e a respeito da qual conversamos bastante. A todo momento, afirma, nos deparamos com expressões como projeto de vida, de nação, de pesquisa, arquitetônico, comunitário, privatista, desenvolvimentista, stalinista, neoliberal, de produção etc.

Segundo Veiga (2004), projeto vem do latim *projectu*, particípio passado de *projicere*, cujo significado é "lançar para diante". Verificamos ainda que pode também significar plano, intento, empreendimento. Ampliando essa visão, Fonseca (2004), apoiado na *Enciclopédia Einaudi*, define projeto como uma antecipação do vir-a-ser de algo que, relativamente ao futuro, pode ser qualificado como possível. Citando Machado (1997) utiliza a alegoria do esboço, desenho, guia da imaginação e explica o projeto como antecipação e referência ao futuro; finalmente, recorre a Barbier (1993) para afirmar que o projeto não é uma simples representação do futuro, do amanhã, do possível, de uma "ideia", é o futuro "a fazer", um amanhã a concretizar, um possível a transformar em real, uma ideia a transformar em ato.

O projeto consiste em

> uma manifestação cultural, uma atividade essencialmente humana, um exercício de racionalidade. É quando o pensamento, a análise e a reflexão precedem a ação e imprimem-lhe organicidade, coerência, congruência e sentido humano. As ações projetadas não são aleatórias, circunstanciais, tópicas, intempestivas, superficiais, mas encadeadas, fundamentadas, radicais e consistentes. (Fonseca, 2004, p. 2)

Nóvoa (2002) entende que o trabalho do professor só terá qualidade, eficácia e significado se for desempenhado num campo de forças de um projeto, ou seja, as ações isoladas, autônomas, desarticuladas, postas pelos agentes da prática escolar numa iniciativa, mesmo que repleta de boas intenções, individualista, não terão consequência maior nem eficácia significativa; perderão o essencial de sua influência.

Como seres pensantes, diz o autor, os educadores precisam explicitar suas concepções educacionais, filosóficas e ideológicas, pois, em grande parte, são elas que fundamentam e explicam seu comportamento durante a aula, suas opções metodológicas e o sistema de avaliação que adotam. Além de conhecer o comportamento manifesto dos educadores, é preciso conhecer os fundamentos, os valores em que se baseiam, a visão de mundo, de sociedade, de homem e de educação implícita em seus gestos, comportamentos e atitudes.

A partir daí, Nóvoa é peremptório ao afirmar que é pelo diálogo que chegaremos "em comunhão", como dizia Paulo Freire, a uma ideia de concepção educacional, opção metodológica e sistema de ensino para nossa escola pensados antecipadamente.

Durante nossa permanência em diversas instituições com a intenção de apreender suas realidades, pudemos observar que persiste um confronto entre o que realmente acontece na sala de aula e as atribuições das quais a escola se fez portadora. É visível o fato de que a sociedade delegou à escola uma grande quantidade de responsabilidades sem consulta prévia. O aceite da sobrecarga obviamente não ocorre sem resistências. Porém, quando incorporadas, tais obrigações, mesmo indesejadas, influem na reorientação da prática educativa, o que absorve tempo e energia de todos os envolvidos.

Embora já se constatem mudanças, uma análise da situação atual da estrutura e do funcionamento do ensino revela um quadro de fragmentação, desarticulação e pulverização, tanto de ideias e concepções pedagógicas quanto de comunhão de objetivos no interior das unidades escolares.

As observações realizadas no cotidiano escolar evidenciam a necessidade de uma compreensão maior da composição-organização do projeto pedagógico, uma vez que a prática de elaborá-lo e executá-lo, quando efetiva, é ainda bastante recente na maioria das unidades educacionais. A inexperiência do saber-fazer, quando aliada ao desconhecimento da sua função, transforma todas as tarefas ao redor do projeto pedagógico em obrigações descabidas e absolutamente distantes dos interesses e motivações dos professores. O enfado que caracteriza algumas das reuniões destinadas a discutir o teor do documento desencadeia, no fim, a falta de compromisso com seus objetivos, conteúdos e propostas.

Para Veiga (2004), ao se construir o projeto da escola, planeja-se o que se tenciona fazer, realizar. Projetar, conforme foi dito anteriormente, é lançar-se para diante, com base no que se tem, buscando o possível. Elaborar o projeto pedagógico é antever um futuro diferente do presente.

Essa concepção vai encontrar amparo nas palavras de Gadotti (1994):

> Todo projeto supõe rupturas com o presente e promessas para o futuro. Projetar significa tentar quebrar um estado confortável para arriscar-se, atravessar um período de instabilidade e buscar uma nova estabilidade em função da promessa que cada projeto contém de estado melhor que o presente. Um projeto educativo pode ser tomado como promessa frente a determinadas rupturas. As promessas tornam visíveis os campos de ação possível, comprometendo seus atores e autores. (p. 652)

Nessa perspectiva, o projeto pedagógico vai além de um simples agrupamento de planos de ensino e de atividades diversas. O projeto não é algo que é construído e em seguida arquivado ou encaminhado às autoridades educacionais como prova de cumprimento de tarefas burocráticas. Deve ser construído e vivenciado em todos os momentos, por todos os envolvidos com o processo educativo da escola. Quando a instituição não atravessa essa etapa e delega a elaboração a um pequeno grupo de iluminados, não há como partilhar interesses, realidades, projetos individuais, características de cada um dos professores e alunos; o que se dá é a simples feitura de um plano de trabalho burocrático, absolutamente fictício, pois inexistente na prática.

Um falso[2] projeto atribui ao cidadão que pretende formar algumas características, potencialidades, competências e "sonhos" copiados de documentos e livros que em nada se assemelham às pretensões da comunidade e das ações dos docentes em sala de aula.

Veiga (2004) nos lembra que o projeto busca um rumo, uma direção. É uma ação intencional, com um sentido explícito, com um compromisso definido coletivamente. Por isso, todo projeto pedagógico da escola é também um projeto político, por estar intimamente articulado ao compromisso sociopolítico com os interesses reais e coletivos da população majoritária. É político no compromisso com a formação do cidadão para um tipo de sociedade.

Para melhor explicitar a dimensão política do ato pedagógico, a autora recorre a Saviani (1983) quando afirma que "a dimensão política se cumpre na medida em que ela se realiza enquanto prática especificamente pedagógica" (p. 13). Na dimensão pedagógica reside a possibilidade de efetivação da intencionalidade da escola, que é a formação do cidadão participativo, responsável, compromissado, crítico e criativo. Político na definição das ações educativas e das características necessárias às escolas de cumprirem seus propósitos e sua intencionalidade.

Temos uma dupla intenção explícita na própria concepção de projeto pedagógico: o retorno para a sociedade dos possíveis

---

[2] *Falso* porque não pertence a todos. *Falso* porque ninguém foi ouvido. Mesmo *falso,* é o verdadeiro projeto de uma instituição onde não se dialoga.

benefícios oriundos do trabalho escolar e a ação de ensinar para a efetivação desses benefícios. Aí está a importância do projeto como um processo permanente de reflexão e discussão dos problemas da escola e na busca de alternativas viáveis à efetivação de sua intencionalidade. Trata-se, no fundo, de buscar a melhor forma de corresponder à função social da instituição.

Infelizmente, não são poucas as escolas que se encontram afastadas dessa meta. O trabalho docente solitário, o preenchimento dos momentos coletivos com um excesso de tarefas burocráticas, a responsabilização individual pelo desempenho dos estudantes, entre outros aspectos corriqueiros, contribuem para que a docência, inversamente ao que propôs Nóvoa (2002), seja concebida como tarefa pessoal, bem ao gosto dos ventos neoliberais que sopram na atualidade.

Não há como deixar de incomodar-se com a transformação da atividade docente em profissão liberal. Afinal, é de conhecimento público o histórico esforço dos homens e mulheres pertencentes ao magistério público pela democratização do acesso, pela melhoria da qualidade de ensino, pela garantia de momentos coletivos e, sobretudo, pela autonomia nos seus trabalhos. Autonomia, aqui, entendida como oportunidade para a realização de ações pedagógicas voltadas para a realidade em que a escola está inserida, situação prevista e garantida pela atual Lei de Diretrizes e Bases da Educação Nacional (9.394/96). A legislação quis proteger as comunidades escolares das investidas interesseiras de todos os matizes sobre os currículos. A escola não pode mais ficar à mercê dos interesses de plantão. Precisa, com autonomia e responsabilidade, assumir as rédeas do processo e elaborar e colocar em ação o próprio projeto.

A luta por autonomia, segundo Azanha (2000), remonta a 1932, com o "Manifesto dos Pioneiros da Educação Nova".[3] Esse documento teve uma continuada repercussão na educação brasileira em geral e na educação paulista em particular, durante pelo menos trinta anos. No manifesto, a palavra "autonomia" aparece três vezes e indica a conveniência de que, além das verbas orçamentárias, seja constituído um fundo especial destinado exclusivamente a atender empreendimentos educacionais, que ficariam a salvo das injunções estranhas à questão educacional.

Em 1933, Fernando Azevedo redigiu outro documento, o *Código de Educação do Estado de São Paulo* (Decreto n° 5.884, de 21 de abril de 1933), que reorganizava todo o sistema de ensino no Estado. Contudo, nos seus quase mil artigos, o código em uma única vez disse que o professor deveria ter "autonomia didática dentro das normas técnicas gerais indicadas pela Pedagogia contemporânea" (artigo. 239). Sobre a autonomia da escola, nenhuma referência.

Em tempos mais recentes, lembra Azanha (2000), as Leis de Diretrizes e Bases da Educação Nacional (4.024/61 e 5.692/71), embora sem aludirem à palavra "autonomia", fixaram a norma de que cada estabelecimento, público ou particular, deveria se organizar por meio de regimento próprio. Na Lei 4.024/71, essa norma estava no artigo 43, que foi revogado pela Lei 5.692/71, mas que manteve no seu corpo a norma do regimento próprio.

---

[3] Na verdade, esse é o subtítulo do documento *A reconstrução educacional no Brasil*, publicado em 1932, pela Companhia Editora Nacional.

Nota-se que, desde o "manifesto dos Pioneiros da Educação Nova" até a Lei 5.692/71, o uso da palavra "autonomia" foi escasso nos documentos educacionais, e em nenhum momento constituiu-se em elemento mobilizador do magistério ou indicativo de uma direção na solução de problemas educacionais. Até mesmo a norma do regimento próprio para cada escola que a Lei 5.692/71 manteve no parágrafo único do seu artigo 2º foi, na prática, cancelada nos artigos 70 e 81, nos quais se permitiu a adoção de regimento comum pelas administrações dos sistemas de ensino.

Azanha (2000) considera que a Lei nº 9.394/96 representa um extraordinário progresso, já que, pela primeira vez, autonomia escolar e projeto pedagógico aparecem vinculados num texto legal. O artigo 12 (inciso I) incumbe a escola da elaboração e execução do seu projeto pedagógico, e os artigos 13 (inciso I) e 14 (incisos I e II) estabelecem que esse projeto seja uma tarefa coletiva, na qual devem colaborar professores, outros profissionais da educação e as comunidades escolar e local.

Além dessas referências explícitas sobre a necessidade de que cada escola elabore e execute o seu próprio projeto pedagógico, a nova lei retomou, no artigo 3º (inciso III), como princípio de toda a educação nacional, a exigência de "pluralismo de ideias e de concepções pedagógicas", que, embora já figure na Constituição Federal (artigo 205, inciso III), nem sempre é lembrado e obedecido.

Para Azanha (2000):

> A relevância desse princípio está justamente no fato de que ele é a tradução no nível escolar do próprio fundamento da convivência democrática que é a aceitação das diferenças. Porque o mais simples fato de que cada escola, no exercício de sua autonomia, elabore e execute o seu próprio projeto escolar não elimina o risco de supressão das divergências e nem mesmo a possibilidade de que existam práticas escolares continuamente frustradoras de uma autêntica educação para a cidadania. (p. 19)

A partir da importância atribuída ao projeto pedagógico pela LDB e considerando-se a bibliografia existente sobre o assunto, cabe indagar a respeito da sua real dimensão, dos seus limites, das suas possibilidades e, principalmente, das condições necessárias à sua elaboração e execução.

Fonseca (2004) nos alerta que, embora sejam três os artigos da LDB dedicados ao projeto pedagógico (12, 13 e 14), é preciso ir além e incluir outros, para que a escola possa elaborar, executar e avaliar seu projeto pedagógico. O autor é enfático ao mencionar a descentralização e a gestão democrática como condições necessárias para um projeto pedagógico genuíno. Ora, isso só será possível com um sistema de ensino descentralizado e uma escola com um grau de autonomia suficiente que lhe permita definir e implementar o seu próprio projeto educativo.

O raciocínio de Azanha deixa mais claro que tipo de relação pode ser construído entre o projeto pedagógico e aqueles que deveriam ser seus autores e atores no interior da instituição.

A ideia de simplesmente existir um projeto não quer dizer em momento algum que seus princípios, ideais e pressupostos sejam mobilizados na prática educativa.

Na opinião de Veiga (2004), a principal possibilidade de construção do projeto passa pela relativa autonomia da escola, de sua capacidade de delinear sua própria identidade. Isso significa resgatar a escola como espaço público, lugar de debate e diálogo fundados na reflexão coletiva. É preciso entender que o projeto pedagógico da escola dará indicações necessárias à organização dos trabalhos no seu interior, que inclui as ações desenvolvidas na dinâmica interna da sala de aula.

A partir desse pressuposto, considera-se que o documento deva contemplar uma articulação coerente entre o cidadão que se pretende formar e a prática educativa cotidiana. Essa desejada coerência é condição *sine qua non* para a efetivação de um trabalho docente consciente e comprometido com a transformação social.

Propondo caminhos

A distância entre o trabalho prescrito e o trabalho real explicitada nos depoimentos colhidos e transcritos por Mattos (1994) impulsiona o professor a uma diminuição no seu potencial de trabalho. Tal fato é decorrente da formação inadequada desses profissionais. Assim, ao comporem os quadros municipais ou estaduais, esses professores enfrentam muitas vezes situações reais para as quais não possuem solução.

Parte da explicação para o trabalho solitário, e não solidário, individual, e não coletivo encontra-se também na quase ausência de uma cultura de participação nos diversos órgãos colegiados da instituição. Às vezes, a frequência às reuniões, assembleias e demais ambientes coletivos se dá de forma obrigatória, sem qualquer espaço para veiculação e proliferação de propostas ou encaminhamentos inovadores. Falar das dificuldades próprias deveria ser uma postura estimulada, pois é no ambiente coletivo que se deve buscar alternativas de superação dos empecilhos. Comumente os professores compartilham as mesmas dificuldades, as famílias possuem dúvidas semelhantes, e os alunos, dificuldades próximas. Falar sobre tudo isso pode ser algo bastante eficaz para coletivizar as soluções e alternativas. Dificilmente alguém possui um problema escolar que ninguém viveu antes, da mesma forma que, do ponto de vista institucional, a mesma dificuldade pode estar sendo experimentada por mais de uma escola. É preciso superar a tradição de individualismo, egocentrismo e trabalho solitário para que o projeto pedagógico possa ser elaborado, executado e avaliado em nossas unidades escolares.

O trabalho coletivo nas escolas resulta do encontro de vários projetos: o político-social da sociedade, o educacional da escola e os planos de ensino de cada componente curricular. As unidades escolares sintetizam e promovem também o encontro dos projetos dos órgãos centrais e intermediários com os gestados e construídos em seu interior.

Fusari (1993), citado por Fonseca (2004), sintetiza a necessidade desse encontro de projetos, quando se refere à escola como o lugar do entrecruzamento do projeto coletivo e político da sociedade com os planos dos educadores. São eles que viabilizam a possibilidade de as ações pedagógicas tornarem-se educacionais, na medida em que as impregna das finalidades políticas da cidadania que interessa aos educandos. Se a sociedade precisa da ação dos educadores para a concretização de seus fins, os educadores precisam do dimensionamento do seu trabalho para que sua ação tenha real significação enquanto mediação da humanização dos educandos.

Compartilhamos com Padilha (2002) a ideia de que o projeto da escola nascerá se for gerado por meio de reflexões coletivas norteadas por questões como: o que a sociedade espera de nós, educadores? A que projeto de mundo, de nação e de sociedade serve o ensino que ministramos? A escola que temos é a escola que queremos, ou devemos lutar por outra? Quais os nossos objetivos e de que meios podemos lançar mão para alcançá-los? O que precisamos fazer para cumprir os objetivos de democratização do acesso, da permanência e da gestão escolar? As propostas curriculares, as metodologias e as avaliações têm sido coerentes com o discurso da educação inclusiva? Os conteúdos curriculares têm relevância e as aprendizagens são significativas? Por que muitos alunos não aprendem? Quais as razões dos altos índices de retenção e exclusão que tanto nos incomodam? Até que ponto são problemas de aprendizagem e até que ponto são problemas do ensino?

É preciso fazer um diagnóstico abrangente da escola que temos, refletir conjuntamente a respeito da escola que queremos e buscar os meios para superar a defasagem entre o real constatado e o ideal almejado. As *intenções* ou os *propósitos* da escola, ampla e permanentemente debatidos pela equipe escolar, serão registrados e documentados no *projeto pedagógico*, que servirá de base para a elaboração do currículo, em que deverão ser explicitados os objetivos gerais e específicos e os meios para alcançá-los, eficaz e eficientemente. A equipe escolar terá revelado, então, qual a "cara" de "sua" escola, garantindo a unidade e a diversidade, em uma ação articulada, coordenada e integrada interna e externamente, cumprindo-se os princípios estabelecidos na Lei de Diretrizes e Bases da Educação Nacional.

Para o primeiro momento, Padilha (2002) defende o espaço democrático da Assembleia de Escola como o local adequado para reflexão, em igualdade de condições com a comunidade, sobre a escola que se quer, o cidadão que se quer formar e a sociedade desejada. Questões como essas poderão ser debatidas em pequenos grupos, e um grande painel poderá agrupar as ideias de todos os grupos.

A partir daí, a equipe escolar terá construído coletivamente as referências para a elaboração das finalidades educacionais da escola. Tais finalidades, apresentadas aos professores no momento da Assembleia Docente, servirão de referência para a elaboração do currículo em duas direções: longitudinal (professores da mesma área, mas de ciclos diferentes) e transversal (professores do mesmo ciclo, mas de áreas diferentes). O espaço adequado para essa assembleia é o horário de reunião coletiva dos professores (Padilha, 2002).

Como vemos, o projeto pedagógico vai se construindo nesse espaço de debate e reflexão com abertura à participação de todos. Há ainda vários momentos para discussão dos planos e das atividades com os alunos. Tais momentos podem ser denominados de Assembleias de Classe. Aqui, nos dizeres de Padilha (2002), o professor exporá os objetivos (pensados coletivamente nos dois momentos anteriores) e as atividades programadas. Tomando como base as ideias do professor, os alunos, cientes do seu papel construtivo, colaborarão com sugestões e alternativas para melhor encaminhar os trabalhos pedagógicos para as finalidades pretendidas pela comunidade.

O planejamento e o replanejamento das diversas etapas de trabalho poderão ser realizados pelo professor junto com os alunos sempre que algo novo surgir ou, diante de uma perda de foco, surgir a necessidade de retomar a temática que vinha sendo estudada. Por meio da socialização e da organização dos conhecimentos, serão eleitos os tópicos a serem pesquisados e discutidos, as visitas e passeios a realizar, as pessoas convidadas que colaborarão para compartilhar seus saberes na escola, os textos, imagens, músicas e vídeos que serão trabalhados e os momentos de socialização das experiências com os demais alunos da escola (apresentação nos eventos semanais da escola, exposição de trabalhos nos dias de festa, portfólio e produções dos alunos).

Fonseca (2004) também considera necessário correlacionar o projeto pedagógico com as questões da avaliação do rendimento escolar e da formação do quadro de magistério. Quanto à avaliação, recomenda que se tenha uma visão crítica com relação às expressões *repetência zero*, *promoção automática* e *recuperação*.

A avaliação, segundo o autor, precisa se dar no contexto do projeto pedagógico, com explicitação das concepções de homem, de sociedade e de educação implícitas na seleção dos conteúdos, nas metodologias empregadas e no processo de avaliação do rendimento escolar, superando-se as concepções de seleção, classificação, acerto de contas, punição ou vingança.

> A avaliação não pode ser exclusiva
> ou isoladamente do aluno, mas da institui-
> ção escolar, que precisa considerar também
> como sua a responsabilidade pelo fracasso
> do aluno e não buscar álibis na culpabiliza-
> ção e estigmatização dos educandos e suas
> famílias ou na individualização da "culpa"
> no professor. (Fonseca, 2004, p. 4)

Quanto à formação do quadro de magistério, nunca é demais lembrar que a elaboração e a execução do projeto pedagógico requerem uma equipe escolar coesa e qualificada, capaz de dimensionar sua importância e necessidade e de aproveitar as oportunidades por ele oferecidas. É preciso difundir a ideia de que o trabalho docente não se confunde com preceptoria (Azanha, 2000), nem deve ficar restrito aos limites das salas de aula, mas tem caráter institucional e se integra em uma ação coletiva. Toda unidade escolar, como lugar do projeto educacional, precisa ser aperfeiçoada para se tornar um tempo e um espaço de aprendizagens, de formação, de educação dos educandos e dos educadores.

Uma visão crítica do projeto pedagógico, equidistante da visão ingênua e da cética, recusa considerá-lo panaceia ou atribuir-lhe poderes de poção mágica ou salvadora, ao mesmo tempo que identifica nele oportunidades e possibilidades para encontrar o eixo de uma educação de qualidade para todos (Fonseca, 2004).

Enfim, o que precisamos fazer é reunir esforços e lutar para mudar aquela visão na qual a *semana de planejamento* e o *plano escolar* eram tomados, muitas vezes, como frutos da "interferência" dos órgãos do sistema, uma "exigência burocrática", um "produto" cujo destino parecia ser tão somente a prateleira ou a gaveta da diretoria ou da sala da coordenação.

Referências

AZANHA, J. M. P. Proposta pedagógica e autonomia da escola. In: *A escola de cara nova*. Planejamento. São Paulo: SE/CENP, 2000. p. 18-24.

BARBIER, J. M. *Elaboração de projetos de acção e planificação*. Portugal: Porto, 1993.

FONSECA, J. P. Projeto pedagógico: processo e produto na construção do sucesso escolar. *Jornal APASE – Suplemento Pedagógico*, São Paulo, p. 1-4, 2004.

FUSARI, J. C. *A construção da proposta educacional e o trabalho coletivo na unidade escolar*. São Paulo: FDE, 1993. (Série Idéias, 16.)

GADOTTI, M. *Escola cidadã:* uma aula sobre autonomia da escola. São Paulo: Cortez, 1992.

MACHADO, N. J. *Ensaios transversais*: cidadania e educação. São Paulo: Escrituras, 1997.

MATTOS, M. G. *Vida no trabalho e sofrimento mental do professor de Educação Física da escola municipal*: implicações em seu desempenho e na sua vida pessoal. (Tese de doutorado) – Faculdade de Educação da USP, São Paulo, 1994.

NÓVOA, A. Relação escola-sociedade: novas respostas para um velho problema. In: *Pedagogia cidadã*. Cadernos de formação, módulo introdutório. São Paulo: UNESP, 2002. p. 19-39.

PADILHA, P. R. *Planejamento dialógico*: como construir o projeto político--pedagógico da escola. São Paulo: Cortez, 2002.

SAVIANI, D. *Escola e democracia*. São Paulo: Cortez, 1983.

VEIGA, I. P. A. Projeto político-pedagógico da escola: uma construção coletiva. In: SÃO PAULO (ESTADO). SECRETARIA DA EDUCAÇÃO. *PEC Formação Universitária*: municípios: tema 1. São Paulo: SEE, 2004.

7

A prática pedagógica de inspiração construtivista

Tal qual um engenheiro ou um médico, o professor deve permear suas ações relativas ao processo educativo por conhecimentos construídos sobre bases científicas. Para tanto, necessitamos da retomada de algumas noções teóricas sobre a prática pedagógica em que, embora possa soar menos importante em razão do seu teor pragmático, o desenvolvimento das atividades didáticas configura-se como aspecto primordial no atual contexto da escola pública ou privada.

Tomando como base a ideia de que a forma pela qual o professor conduz o seu trabalho em sala de aula contribui de forma significativa para a constituição dos sujeitos da educação, proporemos, ao longo destas páginas uma reflexão sobre a prática escolar à luz de algumas contribuições da Didática.

Durante muito tempo, o trabalho do professor em sala de aula foi tratado exclusivamente do ponto de vista técnico. Ensinar assemelhava-se a dominar procedimentos e métodos de ensino. A escola, nesse sentido, recebia a incumbência de transmitir o saber acumulado historicamente, cientificamente organizado, considerados, sobretudo, aspectos lógicos e psicológicos. Tinha-se como pressuposto que uma formação teórica sólida seria a garantia de uma prática consequente. A lógica subjacente a essa abordagem era a de que a teoria sustentaria a ação, caracterizando-se, aí, uma visível separação entre teoria e prática.

Ultimamente, essa questão tem sido alvo de muitas discussões, sobretudo entre os educadores progressistas (Veiga, 2001) que, comprometidos com a maioria do público presente nas escolas, buscam inverter essa lógica, orientando sua prática pedagógica a partir do pressuposto de que, para a maioria, teoria e prática devem constituir-se numa unidade. Ou seja, no fazer gera-se o saber.

Se na primeira abordagem o trabalho docente limitava-se a um saber instrumental, pretensamente neutro, na segunda faz-se necessário redimensioná-lo. Já não basta, portanto, instrumentalizar o professor para exercer com competência técnica as suas tarefas. É preciso, além disso, e principalmente, estar preparado para compreender os determinantes mais profundos da sua própria prática pedagógica.

Isto posto, procuraremos sinalizar alguns pontos para reflexão, a partir da prática docente na atual concepção de escola inclusiva, possibilitando ao educador uma compreensão mais apurada dos problemas presentes na instituição onde atua, para que, a partir dessa compreensão, possa propor formas de organização das atividades em sala de aula, mais voltadas para os interesses da maioria da população brasileira. Sem avaliação, não se pode executar uma boa ação.

Se considerarmos o processo de ensino uma ação conjunta do professor e dos alunos, na qual o educador estimula e dirige atividades em função da aprendizagem dos educandos, podemos dizer que a aula é a forma didática básica de organização do processo de ensino. Cada aula é uma situação didática específica, na qual objetivos e conteúdos se combinam com métodos e formas didáticas, visando fundamentalmente a propiciar a construção de conhecimentos e habilidades pelos alunos.

Nesse sentido, Libâneo (1994) entende que o termo aula não se aplica somente àquela situação expositiva tão comum, mas a todas as formas didáticas organizadas e dirigidas direta ou indiretamente pelo professor, tendo em vista realizar o ensino e a aprendizagem. Em outras palavras, a aula é toda situação didática na qual se põem objetivos, conhecimentos, problemas, desafios, com fins educativos, que incitam crianças, jovens e adultos a aprender.

Sendo o trabalho docente uma atividade intencional e planejada, requer estruturação e organização a fim de que sejam atingidos os objetivos do ensino. Tomando como base essa necessidade organizacional e influenciados por tendências tecnicistas de ensino, alguns manuais didáticos chegaram a descrever (recomendar) os procedimentos no melhor estilo "passo a passo". Em contrapartida, um entendimento mais progressista do processo educacional afirma a inexistência de esquemas universais ou obrigatórios. Poderá, portanto, uma aula iniciar-se pela apresentação de um problema, pela discussão de um determinado fato relevante (científico ou não), pela explanação do professor, por um convite do professor à exposição de um aluno etc. (Ghiraldelli Jr., 2007).

A única regra geral talvez seja que as aulas não devam seguir um esquema rígido. A opção pela etapa ou passo didático mais adequado para iniciar a aula ou a conjugação de vários passos numa mesma aula ou conjunto de aulas depende dos objetivos e conteúdos do componente curricular, das características do grupo de alunos, dos recursos didáticos disponíveis, das informações obtidas na avaliação diagnóstica etc. Por causa disso, é importante assinalar que a estruturação da aula é um processo que implica criatividade e flexibilidade do professor, isto é, a perspicácia de saber o que fazer diante de situações didáticas específicas, cujo rumo nem sempre é previsível.

Para Zabala (1998), a forma como as ações são distribuídas durante a aula é um dos traços mais claros que determinam as concepções de ensino, aprendizagem, homem, escola e mundo veiculadas pelo professor. Desde o modelo mais tradicional de "aula magistral" que acompanha encaminhamentos que se aproximam da exposição, estudos sobre apontamentos ou manual, exercícios e prova, percorrendo outros modelos, até a proposição de "projetos de trabalho", que, comumente, são desenvolvidos mediante a escolha do tema, planejamento, pesquisa, processamento de informações, síntese e relatório de avaliação. Como ponto em comum, ambos se concentram nas atividades que compõem seus elementos identificadores, que adquirem personalidade diferente segundo o modo como se organizam e se articulam.

Apesar de perseguir a conquista de novas aprendizagens, cada formato produz aprendizagens distintas e favorece diferentemente a atenção às diversidades dos alunos. Mas, afinal, o que é aprendizagem?

De forma muito sintética, poderíamos dizer que a aprendizagem é uma construção pessoal que cada aluno realiza graças à ajuda que recebe de outras pessoas em meio a um determinado contexto cultural. Essa construção, pela qual pode atribuir significado a um objeto de ensino, implica a contribuição da pessoa que aprende, de seu interesse e disponibilidade, de seus conhecimentos prévios e de suas experiências. Em tudo isso, o professor desempenha um papel essencial: ajuda a detectar um conflito inicial entre o que já se conhece e o que se deve saber; contribui para que o aluno se sinta capaz e com vontade de resolvê-lo; propõe o novo conteúdo como um desafio interessante, cuja resolução terá alguma utilidade num dado contexto; e, por fim, intervém de forma adequada nos progressos e nas dificuldades que o aluno manifesta, apoiando-o e prevendo, ao mesmo tempo, sua atuação autônoma (Zabala, 1998). É um processo que não só contribui para que o aluno aprenda certos conteúdos, mas também faz que aprenda a aprender. Sua repercussão não se limita ao que o aluno sabe; igualmente influi no que sabe fazer e na imagem que tem de si mesmo.

Esse conhecimento permitiu que Zabala (1998, p. 63-4) estabelecesse uma série de perguntas ou questões acerca das diferentes alternativas para a organização da prática pedagógica, com o objetivo de reconhecer sua validade e, sobretudo, de facilitar pistas para reforçar algumas atividades ou acrescentar outras novas. Nessa direção, formulou perguntas que possam nos auxiliar na reflexão sobre como conduzir as atividades de ensino em sala de aula.

Na organização da prática educativa existem atividades:

- Que nos permitam determinar os conteúdos prévios que cada aluno tem em relação aos novos conteúdos de aprendizagem?

- Cujos conteúdos são propostos de forma que sejam significativos e funcionais para os alunos?

- Que possamos inferir que sejam adequadas ao nível de desenvolvimento de cada aluno?

- Que representem um desafio alcançável para o aluno, quer dizer, que levem em conta suas competências atuais e as façam avançar com a ajuda necessária; portanto, que permitam criar zonas de desenvolvimento proximal e intervir?

- Que provoquem um conflito cognitivo e promovam a atividade mental do aluno, necessária para que estabeleça relações entre os novos conteúdos e os conhecimentos prévios?

- Que promovam uma atitude favorável, quer dizer, que sejam motivadoras em relação à aprendizagem dos novos conteúdos?

- Que estimulem a autoestima e o autoconceito em relação às aprendizagens que se propõem, quer dizer, que o aluno possa sentir que, em certo grau, aprendeu, e que seu esforço valeu a pena?

- Que ajudem o aluno a adquirir habilidades relacionadas com o aprender a aprender, que lhe permitam ser cada vez mais autônomo em suas aprendizagens?

Se utilizarmos estas ou outras perguntas para proceder a uma eficaz "reflexão sobre a ação", nas palavras de Schön (2000), sem dúvida coletaremos informações preciosas sobre organização da ação didática analisada.

A partir desse conhecimento sobre a aula, obtido por meio de conversas com o grupo de alunos, observação e interpretação do desenvolvimento da prática e das respostas, análises das atividades etc., nos será possível uma avaliação da prática educativa e das escolhas que fizemos, o que nos deixará a possibilidade de realizar modificações para reformular os caminhos e perseguir os objetivos pretendidos.

Para Hernández (2002), o diálogo surge como possibilidade ímpar para a reorganização das atividades em sala de aula, pois permite a passagem da centralidade na aprendizagem individual (requerida no passado) à colaboração entre todos na construção do conhecimento. Por esse enfoque, aprender implica, sobretudo, a colaboração entre alunos em atividades que suponham investigação crítica, análise, interpretação e reorganização do conhecimento e do processo reflexivo que o acompanha. Tudo isso relacionado com áreas, temas e assuntos que tenham sentido na vida dos alunos.

Entretanto, essa não é uma tarefa simples. Favorecer a aprendizagem a partir do diálogo é algo que não ocorre de maneira espontânea, pois requer seguir uma trajetória. Implica, por exemplo, por parte do professor, ter uma escuta atenta sobre o processo do grupo que serve de apoio a uma situação de aprendizagem. Supõe, além disso, a habilidade de saber comunicar e interpretar as relações do grupo, e, na medida em que essa concepção sobre a aprendizagem requer o diálogo, inclusive entre os diferentes, proporciona aos alunos a oportunidade de exercer maior controle e responsabilidade sobre sua aprendizagem, em vez de atribuí-la, como era habitual, ao professor.

Zabala (1998) e Hernández (2002), como se pode verificar, apostam numa radical alteração daquelas tradicionais posturas que, dando ao conhecimento o *status* principal na organização das atividades da aula, deixavam para segundo ou terceiro planos a aprendizagem dos alunos, esta sim constituinte principal da tarefa educativa. Para os autores, o conhecimento vem a serviço do aluno que, como sujeito nessa ação, dele se apropria, melhorando sua condição e participação como homem neste mundo.

Referências

HERNÁNDEZ, F. O diálogo como mediador da aprendizagem e da construção do sujeito na sala de aula. In: *Revista Pátio*. Ano 6, n. 22, jul./ago., 2002.

GHIRALDELLI JR., P. *O que é Pedagogia*. São Paulo: Brasiliense, 2007.

LIBÂNEO, J. C. *Didática*. São Paulo: Cortez, 1994.

SCHÖN, D. *Educando o profissional reflexivo:* um novo design para o ensino e a aprendizagem. Porto Alegre: Artmed, 2000.

VEIGA, I. P. Didática: uma retrospectiva histórica. In: VEIGA, I. P. (coord.). *Repensando a Didática*. Campinas: Papirus, 2001.

ZABALA, A. *A prática educativa*. Porto Alegre: Artmed, 1998.

8

A Pedagogia crítica

Na atualidade, há certo consenso de que o termo *currículo*[1] inclua tudo o que se relaciona com a cultura escolar (a organização dos tempos, as atividades de ensino, os espaços de aula, os objetivos, as falas, os materiais didáticos etc.), e, por essa razão, o método de ensino empregado pelo professor, por compor a cultura da escola, faz parte do currículo. Alinhando-se a essa tendência, Stenhouse (1998) defende uma íntima relação entre objetivos, conteúdos e métodos.

Contudo, o que parece acontecer no cenário escolar é a extrema valorização dos conteúdos de aprendizagem e a atribuição de um papel secundário ao método empregado. A ênfase dada aos conteúdos justifica-se muito mais pela falta de clareza do currículo em todas as suas dimensões, haja vista a quantidade de espaço gráfico destinado pelas propostas oficiais ao rol de

---

[1] Essa concepção de currículo foi explicitada no capítulo 4.

objetivos e conteúdos que devem ser ensinados pelos docentes e a parca, quando não ausente, discussão metodológica. Fica a impressão de que o debate em torno do método seja algo menor, sem valia.

A primazia do ensino de conteúdos pode vir a ser uma ótima opção para o rompimento com o rigor metodológico. Contudo, isso não sugere a inexistência de um método que norteie o processo educativo. Apesar de os chamados "conteudistas" postularem uma subordinação do método aos conteúdos, é mister pressupormos uma mediação metodológica que possibilite a aquisição dos conhecimentos, até porque conteúdos e objetivos, por si só, não são capazes de assegurar a efetivação do processo educativo.

O debate em torno dos métodos de ensino poderá ser precedido das seguintes questões: de que maneira os diversos conhecimentos acerca da cultura poderão ser trabalhados com os alunos de forma que lhes proporcionem condições para uma reflexão crítica sobre o mundo? De que forma os conteúdos escolares podem beneficiar os alunos, dando-lhes condições para decidir conscientemente em prol de uma sociedade mais justa?

Parece bastante óbvio que a dimensão metodológica da qual falamos se insere no campo teórico da Pedagogia crítica, cujo objetivo precípuo é integrar os aspectos material e formal do ensino, articulando-os com os movimentos concretos no sentido da transformação social. A Pedagogia crítica valoriza o papel do professor como mediador entre o aluno e a cultura, por meio de processos de reflexão sobre a vida cotidiana, transmissão e assimilação crítica dos conhecimentos no contexto da prática social coletiva, que, por sua vez, implica a transformação da natureza e da sociedade.

Fundamentado nas obras *Lógica formal/lógica dialética*, de Henri Lefèbvre, e *Teoria marxista de la educación*, de Bogdan Suchodolski, Libâneo (1996) apresenta o método dialético como um caminho possível para a compreensão dos vínculos entre a educação e os processos concretos da sociedade, por meio das relações entre o concreto e o abstrato, entre o lógico e o histórico, entre a teoria e a prática. Ao citar Lefèbvre, o autor sugere que o conhecimento seja inicialmente prático – muito antes de ser teorizado –, visto que sempre começa com a experiência prática da realidade objetiva. Num segundo momento, passa a ser social, uma vez que é transmitido entre os membros da sociedade. Finalmente, o conhecimento apresenta um aspecto histórico, no sentido da universalidade.

A educação escolarizada atingirá seus objetivos se atuar dialeticamente com todos os aspectos do conhecimento, sendo capaz de organizar o conhecimento histórico, patrimônio da humanidade, o conhecimento social, fruto da experiência de outros indivíduos ou grupos, e também o conhecimento prático, fruto da experiência real do próprio grupo e da cultura escolar. Para que isso seja possível, o método de ensino deverá ser suficientemente plástico, construído efetivamente mediante/durante o processo educativo.

Segundo Libâneo (1996), "a didática, assim, deixa de ser apenas o domínio técnico-prático para constituir-se, também, num instrumento lógico-metodológico de leitura das situações pedagógicas concretas, isto é, enquanto prática histórico-social" (p. 140).

Uma proposta desse tipo não pode ser sistematizada de maneira universal, visto que depende intimamente daquilo que possa vir a ocorrer durante o processo educativo, no qual o método de ensino é construído a partir do conhecimento da realidade (grupo de alunos e comunidade onde vivem). Quando se estabelece um contato mais íntimo com os seus saberes é que o método de ensino efetivamente se configura. O desenvolvimento da aula depende dos questionamentos e interesses surgidos da problematização dos temas por parte dos alunos, dos professores ou da comunidade escolar.

Mas, afinal, o que é *problematizar?* Seguindo o raciocínio de Freire (1970 e 1980), problematizar significa abordar algumas das infinitas possibilidades que podem emergir a partir das leituras e interpretações da prática social. Problematizar implica em procurar o maior compromisso possível do objeto de estudo numa realidade, de fato, social, cultural e política. O que se pretende com a problematização é uma compreensão profunda da realidade em foco e o desenvolvimento da capacidade crítica dos alunos enquanto sujeitos de conhecimento, desafiados pelo objeto a ser conhecido.

Na Pedagogia crítica, os conteúdos a serem aprendidos emergirão da problematização apresentada pelas atividades de ensino, desde que se leve em conta o esforço do grupo para sanar as dúvidas que possam surgir diante de um fenômeno ainda não compreendido. Aqui se está a afirmar uma concepção metodológica dialética nos mesmos moldes da Pedagogia freireana.

Se num primeiro momento o conhecimento social se mostra sincrético, disperso e confuso, é a problematização que fomentará análises cada vez mais profundas e permitirá a construção de sínteses pessoais e coletivas.

Para que se consigam resultados satisfatórios quanto aos objetivos educacionais estabelecidos, isto é, para que se possa desenvolver uma ação pedagógica capaz de possibilitar aos alunos uma visão de totalidade sobre a cultura, em prol da justiça social, faz-se necessária a estruturação de uma nova visão sobre a aprendizagem no interior do currículo. Uma concepção de aprendizagem dos conteúdos escolares que não se alinha ao princípio aditivo. Inversamente à postulada "sequência" do simples para o complexo, a metodologia dialética posiciona o aluno, desde o primeiro momento, diante de uma tarefa complexa, global e completa, à semelhança do que acontece nas atividades autênticas da vida social. Somente num segundo momento serão propostas atividades específicas em relação às diferentes dimensões da manifestação estudada: organização do conteúdo temático, abordagem centrada em conceitos específicos, experimentação de diferentes procedimentos etc., antes que o aluno se confronte novamente com a situação complexa da tarefa inicial. Em resumo, em lugar de propor um crescimento gradativo, o processo de ensino tem início com a aproximação intencional dos alunos com a manifestação cultural da forma que ocorre no contexto da prática social.

Para que os alunos possam entender o patrimônio cultural à sua volta, é necessário que tais conhecimentos sejam apresentados, inicialmente, inseridos nas práticas sociais, de modo que se possa, de forma coletiva, selecionar os temas de estudo e, ao longo do curso, aprofundar o conhecimento sobre eles, para que a compreensão do fenômeno seja ampliada. É pela problematização que os atores sociais discutem, refletem, analisam e percebem inúmeras dimensões da prática social, como que "colocando-a simultaneamente no mundo e no microscópio" (Freire, 1967). Feito isso, o resultado permitirá romper com o sincretismo, que caracteriza a consciência ingênua, para atingir a visão sócio-histórica da consciência transitivo-crítica. Não se trata de aprender a partir de elementos simples conhecidos, mas de produzir um novo conhecimento como resposta às indagações surgidas a partir de uma situação real complexa, recorrendo, individual e coletivamente, a múltiplos procedimentos e ações.

Professores que atuam com base nos princípios teóricos da Pedagogia crítica não abordam conteúdos desconectados da vida social. As temáticas que compõem o currículo advêm das decisões coletivas estabelecidas com a comunidade escolar. Após a Assembleia de Escola, a Assembleia Docente e a conversa com os alunos,[2] o grupo problematizará uma determinada manifestação cultural a partir dos conhecimentos disponíveis. Essa concepção metodológica, portanto, independe do nível de ensino.

O que se pretende é a ressignificação dos saberes relativos ao patrimônio cultural no espaço escolar, transformando-o em um espaço vivo de interações, aberto ao real e às suas múltiplas dimensões. Por meio de uma prática dialógica com diver-

---

[2] O processo democrático de planejamento de ensino foi exaustivamente tratado no capítulo 6. Ele inclui momentos de decisão coletiva sobre os objetivos da escola e os objetivos de ensino no ciclo. Após esses momentos, o professor apresentará aos alunos a temática que será problematizada naquele período letivo. Tal temática, conforme as etapas anteriores, reflete as intenções da comunidade e o patrimônio cultural do componente.

sos níveis de aprofundamento, professor e alunos envolver-se-ão com a busca das respostas às questões que surgem sempre que uma problemática é enfrentada. O conhecimento, nessa visão, configura-se como instrumento para compreensão e possível intervenção na realidade. O professor, por sua vez, faz a mediação entre os alunos e as práticas sociais, criando situações problematizadoras, introduzindo novas informações, dando condições para que os estudantes avancem em seus esquemas de compreensão dos fenômenos constatados, mediante a organização de atividades em que a interação com os pares se constitua em um espaço democrático de aprendizagem.

Nesse método, o aluno é visto como sujeito ativo que usa sua experiência e conhecimento para resolver os problemas que surgem a todo instante. Tais problemas determinam o conteúdo, não só o que deverá ser estudado/aprendido, mas também os níveis de aprofundamento em relação às possibilidades de contato, uso e análise dos educandos.

A ação sobre a realidade se coloca como o principal fundamento dessa concepção que permite aos alunos analisar os problemas, situações e acontecimentos num contexto e em sua globalidade, utilizando, para isso, os conhecimentos presentes na sua experiência sociocultural.

Nunca é demais relembrar que uma prática pedagógica a partir da experiência dos alunos traz mudanças significativas para o processo de ensino e aprendizagem, já que rompe com a educação transmissora de conceitos distantes e se volta para a construção de conhecimentos em estreita relação com o contexto em que são vivenciados, sendo, por isso mesmo, impossível antever, nas temáticas que serão problematizadas, determinados conteúdos. A teia de saberes necessários para compreender um objeto de estudo vai se constituindo à medida que os problemas são respondidos. Na prática, isso significa que duas turmas que partiram do mesmo tema poderão percorrer trajetórias de aprendizagem diferentes, aprendendo, portanto, conteúdos diversos. A formação dos alunos, nesse sentido, é um processo global e complexo, em que conhecer o real e nele intervir não se dissociam.

Ao participar desse processo, o educando está envolvido em uma experiência educativa, na qual a construção de conhecimentos integra-se às práticas simbolicamente significativas. O aluno deixa de ser apenas um aprendiz do conteúdo de uma área de conhecimento qualquer; é um ser humano que está desenvolvendo uma atividade complexa e que nesse processo se apropria, ao mesmo tempo, de um determinado objeto de conhecimento cultural e se forma como sujeito cultural. Isso significa que é impossível homogeneizar os alunos, é impossível desconsiderar suas histórias de vida, seus modos de viver, suas experiências culturais e dar um caráter de neutralidade aos conteúdos, desvinculando-os do contexto sócio-histórico que os gerou.

O que se coloca, portanto, não é a organização do ensino a partir dos conteúdos, mas o desenvolvimento de uma prática pedagógica centrada no entendimento do próprio processo de construção da sociedade. A Pedagogia crítica possibilita resolver questões relevantes para o grupo, gerando a necessidade de aprendizagem. Nesse processo, os alunos se defrontam com conteúdos de diversas disciplinas, entendidos como "instrumentos culturais" valiosos para a compreensão da realidade e a intervenção em sua dinâmica, e não entram em contato com conteúdos escolares a partir de conceitos abstratos e de modo teórico, nem com exercícios descontextualizados. Na Pedagogia crítica, os conteúdos deixam de ter um fim em si e passam a ser meios para ampliar a formação dos alunos e sua interação com a realidade, em toda a sua dinamicidade. Rompe-se, também, com a concepção de "neutralidade" dos conteúdos, que passam a ganhar significados diversos, a partir das experiências sociais dos estudantes.

Ações didáticas

Visando a coletar informações sobre o patrimônio cultural da comunidade, os educadores poderão realizar uma pesquisa de campo na qual serão observadas as práticas sociais existentes no entorno da escola e que, de forma eventual ou constante, são acessadas pelos alunos. Outra forma também utilizada para coletar essas informações pode ser o diálogo com a comunidade nas diversas reuniões realizadas na escola, uma conversa com alguns colegas de trabalho que residem no bairro ou diretamente com os alunos sobre os temas específicos que serão abordados naquele período letivo. Esse procedimento permitirá configurar um rol de saberes sobre o que os alunos já conhecem quando chegam à escola.

Além dessas informações, questões relativas ao espaço escolar disponível, isto é, as variáveis próprias do meio e sua forma de organização e administração também são relevantes na condução do método, para que se possam dimensionar as possibilidades práticas de implementação do currículo. Assim, se a escola apresenta as condições necessárias, é possível realizar atividades na sala de informática, na sala de vídeo, na biblioteca, realizar exposições ou apresentações, fazer pequenos passeios até uma praça ou parque, teatros, cinemas, exposições, ambientes de trabalho, comércio, sedes de partidos políticos, igrejas, associação de bairro, terreno, empresas etc., que ampliarão enormemente o leque de conhecimentos sobre a cultura. Nessa caracterização, abordam-se as possibilidades de deslocar os alunos em horário de aula para realizar uma pesquisa ou atividade com o quadro de funcionários ou com outras turmas, solicitar alunos (em grupo ou individualmente) de outra turma para elucidar um tema, entre outras. Deve-se estar atento aos procedimentos organizacionais da escola, como o prazo para reprodução e entrega de textos, ou questionar certos procedimentos habituais relativos às reuniões e aos passeios em horários de aula.

Com os dados coletados, a elaboração do currículo poderá articular esse mapeamento geral com a problematização de um tema específico, visando à estruturação das atividades de ensino. Para atender aos objetivos de enriquecimento cultural, é necessário analisar determinados aspectos da temática que será problematizada: o que é necessário para abordar esse assunto? É possível extrair "elementos educativos" e articulá-los com o projeto pedagógico? Quais modificações devem ser implementadas, a fim de ressignificar os conhecimentos que vierem a ser debatidos? De que forma?

Onde podemos acessar os conhecimentos necessários? Existe alguma maneira de vivenciá-los?

Somente a partir daí serão propostas atividades de ensino, sempre permeadas por diálogo, interação coletiva, reorganização, discussão de outras possibilidades e interpretação de cada uma das ações, ou seja, analisando as diversas formas de apresentação dos conhecimentos e explorando tal diversidade com base no repertório linguístico coletivo.

As ações educativas, por sua vez, poderão focalizar alternadamente diferentes conhecimentos teóricos sobre uma mesma temática, explorando, na medida do possível, os saberes práticos dos alunos e as reflexões sobre sua participação e envolvimento, considerando as diversas formas de interação no grupo e a relação dessas questões com esferas sociais mais amplas.

Uma mesma temática, problematizada no desenvolvimento das intervenções, comumente será apresentada de diversas formas pelos alunos em conformidade com o seu patrimônio cultural. Esse fato enriquecerá o trabalho pedagógico. Nota-se, pela riqueza de possibilidades, que as ações didáticas denotam certa imprevisibilidade temporal, isto é, não há como estabelecer previamente a sua duração (um bimestre, um trimestre etc.). O período de duração de um assunto se relaciona com os encaminhamentos e problematizações que se tornarem necessários durante as aulas.

É importante que o professor permaneça atento à necessária articulação da proposta com as intenções explícitas no projeto pedagógico da escola. Isso se dá pela adoção dos mesmos objetivos de ensino auferidos por meio da análise do documento e das discussões com os professores responsáveis pelas demais áreas do currículo. Nesse aspecto, diante das necessidades de ampliação e aprofundamento dos temas, serão muito bem-vindos os trabalhos e projetos coletivos.

Com o mapeamento realizado, os professores da escola terão condições de organizar o currículo por temáticas: o que será estudado na Educação Infantil, no ciclo inicial do Ensino Fundamental, no ciclo final do Ensino Fundamental, no Ensino Médio, na Educação de Jovens e Adultos etc. A partir daí, são pesquisados os conhecimentos do grupo de alunos a respeito da temática selecionada, por meio do diálogo. A cada resposta, uma vivência poderá ser proposta aos alunos, tomando como base a contribuição específica do colega. O foco em cada temática dar-se-á com o devido cuidado à distribuição equilibrada ao longo do ano letivo, conforme a característica do assunto. Essa preocupação é importante, pois um determinado tema poderá ser menos trabalhoso que outro, recebendo menor atenção e cuidado.

No decorrer das atividades, quando couber, o professor poderá instar os alunos a socializar seus pontos de vista sobre o assunto em pauta. Essa situação, difícil num primeiro momento, contribuirá para a adoção de uma postura reflexiva. Com o passar do tempo, o questionamento do professor quase não será necessário. Em experiências com o método (Neira e Nunes, 2009), percebemos que os aspectos atitudinais são mais bem trabalhados quando não é o professor quem aponta diretamente o problema. Isso não quer dizer afastamento, mas sim mediação em busca da construção da autonomia para a participação coletiva. Ou seja, ao apresentar seu olhar sobre uma temática, o aluno não apenas estará sujeito aos questionamentos, mas também será responsável por mediar e organizar o debate. Constatamos aqui que o "rompimento da inércia" desencadeado pelo professor e a frequência com que essa situação se apresenta facilitam o ato pedagógico no decorrer das aulas. Quando a turma sentar-se para conversar sobre a experiência, prontamente surgirão ideias de reformulação e reorganização – denominamos essa etapa de *ressignificação*. Quando for encontrado um ponto de equilíbrio, em que haja algum consenso sobre um assunto polêmico, teremos conquistado avanços significativos na formação de pessoas para a vida pública.

As decisões, descobertas, análises etc. poderão ser registradas em cadernos, cartazes, fotografias ou quadro, constituindo-se em importantes recursos para identificar as modificações nos alunos e nos conhecimentos. Quando houver mais de um encaminhamento possível, todos poderão ser discutidos numa ordem estabelecida após eleição. A explicação final sobre o assunto, se houver, caso não agrade a alguém, poderá ser registrada com o formato que o aluno julgue mais adequado, justificando-se perante o grupo por qual razão não gostou do elemento final eleito pelos colegas. Nesse sentido, cria-se um espaço democrático para os alunos exporem suas opiniões em contrário. Abre-se espaço para o respeito à diversidade de ideias.

Claro está que para estudar cada uma das temáticas culturais descobertas durante o mapeamento será necessário obter maiores informações sobre elas. Para tanto, o professor poderá utilizar diversas fontes para pesquisa própria (internet, revistas, livros, relatos pessoais por meio de entrevistas etc.), visando a orientar as pesquisas dos alunos, apontando alguns caminhos possíveis pelas referências presentes na biblioteca, na sala de leitura, em revistas e *sites* especializados, em programas televisivos etc. Para tanto, os alunos poderão receber, antecipadamente, algumas perguntas que orientem a pesquisa e o estudo. A essa etapa, denominamos ampliação.

Contrariamente ao que se afirma, esse método não se encerra na permanência e ênfase naquilo que eles já sabem (Freire, 1970). Um encaminhamento possível tratará de problematizar aquelas práticas corporais que uma pesquisa ampliada sobre o tema poderá identificar. Os alunos poderão ser estimulados a descobrir novas informações sobre a temática problematizada e sobre essas novidades, sendo questionados conforme o processo anteriormente vivido. Sempre haverá algo a descobrir e socializar; qualquer conhecimento poderá ser compartilhado com os colegas e experimentado. Um conhecimento "parcial" impedirá o grupo de compreender o assunto com maior profundidade, desvelando suas inter-relações possíveis.

Atividades de pesquisa, entrevista e demais formatos para coleta de dados com os membros da comunidade são muito importantes nesse método, em razão do seu potencial de valorização das vozes daqueles que compartilham o cotidiano com os alunos. A participação de membros da comunidade na ação pedagógica confere aos alunos uma nova visão de grupo, pois os saberes dos seus foram incluídos no currículo com o mesmo grau de importância que os saberes escolares. Como se verifica, a prática pedagógica adotada não se vincula a um conhecimento prévio do professor. É justamente o inverso: a dinâmica permite a ampliação dos conhecimentos do professor e dos alunos. Como encaminhamento paralelo do método, alguns alunos podem assumir a responsabilidade de preparar-se bem junto dos adultos que entrevistarão ou para as pesquisas que farão, para trazer novos conhecimentos a respeito da temática.

É muito importante que os alunos tenham acesso a produtos culturais específicos sobre os temas estudados. Eles precisam saber que o universo de conhecimentos excede muito as experiências imediatas e diretas do bairro e da região, transcendem no tempo e encontram-se publicadas e socializadas nos veículos de informação e comunicação. Assim, a etapa da ampliação poderá promover atividades com outros recursos, como televisão, livros, jornais e internet. Os alunos ficarão entusiasmados pelas descobertas que o acesso a tais fontes lhes proporcionará.

Finalizando o processo, recomenda-se, com base nos registros ao longo do curso, a elaboração de um produto final, que poderá ser uma apresentação, uma exposição, um livro etc., desde que plenamente construídos pelos alunos e com a participação deles em todas as decisões. Recordamos ao professor que as preferências da comunidade podem ser também objetos de discussão. Isso não significa, de modo algum, censura ou coibição. Se a temática utilizada faz apologia a atividades não recomendadas pela escola ou apresenta caráter distorcido de outras realidades, esse elemento poderá ser o gerador de um debate, chegando até à revisão dos valores da cultura escolar ou da cultura dos alunos. Não há, nesse método, uma questão fechada sobre qualquer assunto.

No tocante ao processo avaliação, entre outras, merece toda a consideração a noção de avaliação formativa proposta por Hadji (2001). O professor francês distribui o processo avaliativo em três etapas que acompanham todo o currículo.

Sugere, inicialmente, que se desenvolva uma *avaliação diagnóstica* sobre os saberes relacionados à temática que será problematizada naquele período letivo. Convém manter um diário de campo atualizado ou um portfólio, em que constem fragmentos de conversas em sala, registros escritos dos alunos e do professor, o levantamento coletivo dos saberes sobre o assunto etc.

Durante o processo educativo, Hadji propõe o que se denomina *avaliação reguladora*, que fará uso de instrumental semelhante à avaliação diagnóstica, mas, desta vez, realizada no decorrer das intervenções pedagógicas e procurando identificar insuficiências das atividades propostas, com a intenção de promover modificações no encaminhamento ou no próprio teor das atividades sempre que necessário, para intensificar as oportunidades de aprendizagem e as situações didáticas que virão a seguir.

Próximo à finalização de um assunto, o autor propõe uma *avaliação final*, que pretende descobrir em que medida os procedimentos didáticos realizados naquele período letivo contribuíram para ampliar o repertório dos conhecimentos dos alunos sobre o fenômeno problematizado. A avaliação final pode ser constituída pela análise do produto que os alunos elaboraram: uma apresentação, um registro mais cuidadoso, uma coreografia, uma exposição, um relatório, um portfólio, uma pesquisa etc.

Como se pode notar, nessa concepção de avaliação o professor recolhe elementos para refletir sobre sua prática pedagógica. Convém destacar que, para que esse processo se dê a contento, o educador deverá adquirir o hábito de manter registros constantes das suas observações durante as aulas. Esse "diário de campo" do professor, que se tornará mais rico com o arquivamento das produções dos alunos ou imagens das aulas, é o instrumento fundamental para identificar os resultados de sua ação educativa.

Referências

FREIRE, P. *Educação como prática da liberdade*. Rio de Janeiro: Paz e Terra, 1967.

_____. *Pedagogia do oprimido*. Rio de Janeiro: Paz e Terra, 1970.

_____. *Conscientização*. São Paulo: Moraes, 1980.

HADJI, C. *Avaliação desmistificadora*. Porto Alegre: Artmed, 2001.

LIBÂNEO, J. C. *Democratização da escola pública*: a Pedagogia crítico-social dos conteúdos. São Paulo: Loyola, 1996.

NEIRA, M. G.; NUNES, M. L. F. *Educação Física, currículo e cultura*. São Paulo: Phorte, 2009.

STENHOUSE, L. *La investigación con base en la enseñanza*. Madri: Ediciones Morata, 1998.

9

A formação docente[1]

Tatiana Kobayashi Sarmento[2]
Marcos Garcia Neira

---

[1] Texto produzido a partir da pesquisa de Iniciação Científica, com apoio do CNPq.
[2] Licenciada em Pedagogia pela Faculdade de Educação da USP e professora do Colégio Oswald de Andrade.

Uma série de estudos (Tardif, 2002; Gatti, 2003; Mizukami e Reali, 2005) vem apontando para a necessidade de discutir a formação dos professores. Mizukami e Reali (2005) buscam apoio em Mororó, quando ele atribui essa necessidade às novas exigências sociais e econômicas que tendem para um modelo de escola e de ensino diferenciado do atualmente em voga, o que influencia as decisões dos centros acadêmicos sobre o tipo de formação a ser proporcionada ao professor.

Entre as diversas temáticas que envolvem essa discussão, destaca-se a formação contínua, tida não só como uma complementação e atualização em serviço, mas como uma necessidade inerente à própria natureza dinâmica do trabalho docente.

No entanto, apesar de esses estudos contribuírem para o cenário educacional atual, ainda são poucas as iniciativas de formação contínua oferecidas aos professores. Além disso, faltam avaliações sobre essas iniciativas, o que contribui para a expansão de modelos de formação centrados na transmissão de um grande volume de informações e distanciados de um olhar para o professor não só como detentor de um saber, mas como produtor e sujeito ativo em sua própria formação, relacionando os novos conteúdos à sua prática (Tardif, 2002).

Esse quadro suscitou questões a respeito da real influência dos cursos de formação contínua nas concepções dos professores, e de que maneira os saberes trazidos no âmbito da formação se articulam com os saberes docentes, ligados à prática e à experiência em sala de aula.

Na tentativa de aprofundar os conhecimentos sobre o assunto, o presente texto tem por objetivo discutir a maneira como os professores se posicionam diante dos novos conhecimentos que lhes são ofertados ao longo da sua trajetória profissional.

A discussão a respeito dos saberes docentes é bastante relevante para o cenário educacional atual. Surge como reflexo de um movimento de profissionalização do ensino e do professor que trouxe à tona a necessidade de discutir questões referentes aos saberes necessários aos professores para que estes pudessem exercer com qualidade a sua profissão.

De acordo com Perrenoud (2002), embora a evolução da atividade de ensino ao *status* de profissão tenha se realizado a partir do século XIX, só gradualmente é que esse ofício passou a ser objeto de verdadeira formação, a qual, em um primeiro momento, centrou-se no domínio dos saberes a serem ensinados. Aos poucos e de forma bastante desigual, passou-se a dar importância ao domínio teórico e prático do processo de ensino-aprendizagem. Segundo o autor, cada vez mais se evidencia que um profissional precisa ser capaz de elaborar conceitos e executá-los durante a sua prática. Isso porque não se pode prever de antemão todos os problemas que surgirão na execução da atividade profissional, e, desse modo, suas possíveis soluções deverão ser construídas de imediato. Mas, para isso, o autor alerta ser necessário dispor de saberes abrangentes e que envolvam tanto os saberes acadêmicos quanto os oriundos da experiência.

Posicionar o professor como profissional da educação que, mais do que dominar os conteúdos, precisa possuir certos saberes que orientem sua prática contribui para evidenciar a necessidade de pesquisas que busquem conhecer, analisar e/ou discutir a natureza dos saberes dos professores. Como endosso, Tardif (2002) afirma que o que distingue as profissões das outras ocupações é a natureza dos conhecimentos.

> Chamamos epistemologia da prática profissional o estudo do conjunto de saberes utilizados realmente pelos profissionais em seu espaço de trabalho cotidiano para desempenhar todas as suas tarefas. (p. 255)

Gauthier, citado por Nunes (2001), afirma que a atividade docente não tem conseguido revelar seus saberes, e, desse modo, as ciências da educação acabam por produzir outros saberes que não condizem com a prática em sala de aula. Assim, o autor identifica três categorias relacionadas ao saber docente: o ofício sem saberes, os saberes sem ofício e o ofício feito de saberes.

A primeira categoria, ofício sem saberes, refere-se à falta de sistematização do saber próprio do docente, que muitas vezes baseia suas ações em intuições e no bom-senso. A segunda, saberes sem ofício, caracteriza-se pelo excesso de formalização dos conhecimentos científicos, que acaba transformando-os em saberes muito distantes da prática em sala de aula. Já a terceira categoria apresenta um ofício feito de saberes, trata dos saberes mobilizados pelo professor em sua prática.

Entre os trabalhos realizados na área que trouxeram contribuições para a investigação a respeito da natureza dos saberes docentes, recorremos às contribuições de Shulman, destacadas por Mizukami (2004), o estudo já citado de Tardif (2002) e o trabalho de Hernández (1998).

Shulman elabora uma complexa crítica às pesquisas sobre a formação docente realizadas até meados dos anos 1980. Segundo o autor, não contemplavam aquilo que chamou de "paradigma perdido", isto é, o conteúdo das grandes áreas do conhecimento. O ensino ainda era visto como uma atividade genérica, sem relação com o conteúdo, com o professor ou o com o aluno.

Com o objetivo de recuperar o paradigma perdido, Shulman inicia um novo projeto, batizado de *Knowledge Growth in a Profession*. Ele parte da hipótese de que o docente tem um conhecimento especializado, de cuja construção é protagonista: o conhecimento pedagógico do conteúdo. Mas é preciso também ter outros tipos de conhecimento, o específico e o pedagógico geral. Todos eles são apresentados de várias formas, por proposições, casos ou estratégias, constituindo o que o autor denomina "conhecimento de base".

> A base de conhecimento para o ensino consiste de um corpo de compreensões, conhecimentos, habilidades e disposições que são necessários para que o professor possa propiciar processos de ensinar e de aprender, em diferentes áreas do conhecimento, níveis, contextos e modalidade de ensino. (Mizukami, 2004, p. 4)

O conhecimento específico refere-se aos conteúdos que o professor ensina. É preciso que o docente tenha uma compreensão mínima e básica daquilo que vai ser ensinado, além de um bom conhecimento das possibilidades representacionais desses conteúdos.

Já o conhecimento pedagógico geral inclui conhecimentos de teorias e princípios relacionados aos processos de ensinar e aprender, conhecimentos dos alunos e suas realidades, do contexto de sala de aula, da comunidade e da sociedade, de manejo de classes e de interações com os alunos, do currículo etc.

O conhecimento pedagógico do conteúdo, para Shulman, é um novo tipo de conhecimento, que é construído constantemente ao ensinar a matéria e é enriquecido e melhorado com base nos outros tipos de conhecimentos. Trata-se das representações mais úteis dos conteúdos ensinados, das analogias mais poderosas, dos exemplos, das ilustrações, que tornam a compreensão de tópicos específicos mais fácil ou mais difícil.

Shulman coloca o conhecimento pedagógico do conteúdo como o único do qual o professor pode ser considerado o autor, já que é aprendido no exercício profissional. Essa base de conhecimento é mais limitada em um curso de formação inicial e vai se aprofundando à medida que o professor vai adquirindo experiência.

Durante o processo de ensinar e aprender, esses conhecimentos são acionados, relacionados e construídos segundo um modelo que o autor denominou *raciocínio pedagógico*, constituído de seis etapas: a compreensão, a transformação, a instrução, a avaliação, a reflexão e uma nova compreensão.

A primeira etapa, a compreensão, parte da ideia de que todo ensino exige inicialmente uma compreensão do conteúdo, dos métodos e das características dos alunos por parte do professor. Dada essa compreensão, é necessário que o professor seja capaz, em uma segunda etapa, de transformar as ideias compreendidas de maneira que essas possam ser ensinadas. É um processo em que o professor se move de sua compreensão pessoal, para possibilitar a compreensão dos outros. Na etapa seguinte, a instrução, o professor coloca em prática essa compreensão já transformada, diante de uma série de interferências não previstas, como discussões, questionamentos, posturas, humor, disciplina etc. Durante e após a instrução ocorre outro processo, o de avaliação, no qual é possível checar se os alunos realmente conseguiram assimilar aquele conteúdo que estava sendo trabalhado. Isso pode acontecer tanto de maneira informal, percebendo as dúvidas e os equívocos dos alunos, como de maneira formal, com uma avaliação sistematizada. Com base nos resultados obtidos na avaliação é que o professor inicia a etapa seguinte, de reflexão sobre a ação pedagógica, com o uso de um conhecimento analítico para examinar o seu próprio trabalho. Como uma última etapa, tem-se uma nova compreensão, agora enriquecida com novos elementos do trabalho desenvolvido, fruto do processo de ensinar e aprender.

Esse processo de raciocínio pedagógico, segundo o autor, traz muitas contribuições ao trabalho do professor, já que o aprendizado não se dá por meio da experiência, mas da reflexão a respeito dessa experiência. É nesse sentido que ele defende a estruturação dos cursos de formação de professores com base em estudos de casos. Um caso educacional combina quatro fatores: a intenção, que se refere ao plano formal do trabalho a ser desenvolvido; o acaso, quando esse plano é interrompido por algo inesperado; o julgamento, que o autor deve realizar diante do inesperado; e a reflexão sobre as consequências de sua ação, o que produz um novo plano ou intenção.

Shulman afirma que o desenvolvimento de um repertório de casos de ensino poderia ajudar os professores a pensar e refletir sobre o ensino, contribuindo para a construção de um corpo sistematizado do conhecimento profissional do professor.

A meta de uma profissão, segundo ele, é a realização de um serviço, envolvendo propósitos sociais e responsabilidades técnicas e morais. Mas as habilidades necessárias para a execução desse serviço não estão disponíveis em todas as pessoas, mas somente naqueles que aprenderam essa profissão. Além disso, a prática profissional está enraizada em um conjunto de saberes que são constantemente criados e transformados por diferentes tipos de instituições, mas que só se tornam conhecimentos profissionais quando utilizados em contextos específicos e na prática. Para isso, passam por um julgamento que intervém entre o conhecimento e a sua aplicação. Esse julgamento é feito à luz de crenças e teorias pessoais, com a análise da situação prática. Por esse motivo, embora a base de conhecimento acadêmico seja necessária ao exercício profissional, ela não é suficiente, visto que o profissional aprende também a partir da sua experiência (Mizukami, 2004).

Desse modo, Shulman conclui que, colecionando e organizando uma multiplicidade de casos, é possível oferecer um rico material para a reflexão de professores, tanto iniciantes como experientes, de maneira tal que propicie uma aprendizagem efetiva, significativa e duradoura.

O segundo trabalho destacado, o de Tardif (2002), também atenta para a necessidade de sistematizar um corpo de conhecimento profissional do professor. Para o autor, quando falamos da profissionalização do ofício do professor, é preciso estarmos atentos a uma série de aspectos que diz respeito às peculiaridades do saber docente.

O primeiro deles corresponde à impossibilidade de dissociar os saberes dos professores de seu trabalho na escola e na sala de aula. Embora os professores utilizem diferentes saberes, estes estão a serviço do trabalho. Isso significa dizer que a relação dos professores com os saberes nunca é estritamente cognitiva, é também mediada pelo trabalho, que lhes fornece princípios para enfrentar e solucionar as situações cotidianas.

O segundo aspecto é o que podemos chamar de temporalidade do saber, uma vez que este é adquirido no contexto de uma história de vida e de uma carreira profissional. Ensinar supõe aprender a ensinar, aprender a dominar progressivamente os saberes necessários à realização do trabalho docente.

> Antes mesmo de ensinarem, os futuros professores vivem nas salas de aula e nas escolas. Tal imersão é necessariamente formadora, pois leva os futuros professores a adquirirem crenças e representações a respeito do ofício de professor. Antes mesmo de começar a ensinar, os professores já sabem o que é ensino. (Tardif, 2002, p. 20)

Outro aspecto diz respeito à ideia de diversidade ou pluralismo do saber docente, que se refere ao fato de que o saber do professor é plural e diversificado porque envolve conhecimentos e um saber-fazer que são provenientes de fontes variadas e, provavelmente, de naturezas diferentes. Podemos definir o saber docente como uma junção de saberes oriundos da formação profissional, com saberes pedagógicos, curriculares, disciplinares e experienciais.

Tardif chama de "saberes profissionais" o conjunto de saberes transmitidos pelas instituições de formação de professores. Nessa perspectiva, esses conhecimentos se transformam em saberes destinados à formação científica ou erudita dos professores, e, caso sejam incorporados à prática docente, esta pode transformar-se em prática científica. É no decorrer de sua formação que os professores entram em contato com as ciências da educação.

Mas o autor atenta para o fato de que a prática docente não é apenas um objeto de saber das ciências da educação; é também uma atividade que mobiliza diversos *saberes* que podem ser chamados de *pedagógicos*. Os saberes pedagógicos apresentam-se como doutrinas ou concepções provenientes de reflexões sobre a prática educativa no sentido amplo do termo, fornecendo, ao mesmo tempo, um arcabouço ideológico à profissão e algumas técnicas para serem utilizadas no trabalho do professor. Os saberes pedagógicos articulam-se com as ciências da educação na medida em que tentam, de modo cada vez mais sistemático, integrar os resultados da pesquisa às concepções que propõem, a fim de legitimá-las cientificamente.

Tardif aponta ainda que a prática docente incorpora saberes sociais definidos e selecionados pela instituição universitária. Esses saberes integram-se igualmente à prática docente por meio da formação (inicial e contínua) dos professores nas diversas disciplinas oferecidas pela universidade. Podemos chamá-los de "saberes disciplinares".

Ao longo da carreira, os professores devem também se apropriar de saberes que o autor chama de "curriculares". Esses saberes correspondem aos discursos, objetivos, conteúdos e métodos a partir dos quais as instituições escolares categorizam e apresentam saberes sociais por elas definidos. Apresentam-se principalmente sob a forma de programas escolares que os professores devem aprender e aplicar.

Finalmente, os próprios professores, no exercício de suas funções e na prática de sua profissão, desenvolvem saberes específicos, que Tardif nomeia de "saberes experienciais", advindos da experiência e que são por ela validados. Ao longo da carreira, os professores incorporam a experiência individual e coletiva sob a forma de atitudes, comportamentos, posturas e de habilidades, de saber-fazer e saber-ser. São aqueles saberes necessários à prática docente que não provêm das instituições de formação nem dos currículos e, desse modo, não se encontram sistematizados em doutrinas ou teorias.

No exercício cotidiano, o professor se depara com situações concretas que exigem improvisação e habilidades pessoais que não são tratadas em cursos de formação nem são solucionadas com conhecimentos científicos. Esse enfrentamento de situações diárias, segundo Tardif, permite ao professor o desenvolvimento de algumas disposições adquiridas na prática real e que, com o passar do tempo, podem se transformar em um estilo de ensino, em traços que correspondem a uma personalidade profissional. Personalidade essa que se dá por meio das interações com outras pessoas, em que se fazem presentes símbolos, valores, sentimentos, atitudes e que são mediadas por comportamentos, discursos. Essas interações exigem do professor, portanto, "não um saber sobre um objeto de conhecimento, mas a capacidade de se comportar como sujeito, como ator e de ser uma pessoa em interação com outras pessoas" (Tardif, 2002, p. 50). Além disso, o exercício da profissão docente se dá em um determinado meio, a escola, ao qual o professor precisa buscar se adaptar e se integrar, conhecendo e respeitando suas normas, obrigações e prescrições.

No entanto, o autor ainda atenta para o fato de que isso não significa dizer que os saberes docentes sejam subjetivos e individuais. Isso porque eles adquirem certa objetividade nas relações e nos confrontos de experiência dos professores, nas trocas de ideias e macetes, em momentos formais de discussão ou em situações informais de convivência diária.

Além disso, os saberes experienciais são utilizados pelos professores de forma crítica com relação aos saberes disciplinares, curriculares e da formação profissional. A prática cotidiana permite a avaliação dos outros saberes e sua "retradução" em função das condições da experiência diária. Os professores incorporam os saberes provenientes de outras fontes à sua prática, conservando aquilo que lhes serve e eliminando o que lhes parece inútil e abstrato ou sem relação com a realidade em que atuam.

Assim, a reflexão sobre a experiência provoca uma retomada crítica dos saberes adquiridos fora da prática, permitindo aos professores a revisão e a avaliação deles, constituindo um saber formado de todos os saberes retraduzidos e submetidos aos processos de validação na prática cotidiana.

Assim, os saberes experienciais se apresentam como uma forma de os professores tentarem transformar a relação de exterioridade com os saberes produzidos e legitimados por outras instâncias em uma relação de interioridade com a sua própria prática.

A conclusão de Tardif chama a atenção para a existência de uma distância crítica entre os saberes da experiência e os saberes adquiridos na formação. Os professores, ao entrarem na sala de aula, descobrem os limites de seus saberes pedagógicos e rapidamente sentem a necessidade de "aprender fazendo", mergulhados na prática e adquirindo a experiência fundamental que os faz "capazes de ensinar". Com isso, quando submetidos a uma nova aprendizagem em um curso de formação contínua, eles podem assumir duas posturas: a de rejeição à formação teórica promovida em âmbito universitário ou similar, ou a adaptação, transformação e seleção de certos conhecimentos universitários, a fim de incorporá-los à prática.

Esse é o tema discutido por Hernández (1998). O educador espanhol afirma que os professores, assim como os alunos ou qualquer ser humano, tendem a adaptar as informações que recebem à situação na qual se encontram. Se a nova situação se encaixar e não criar conflito com a situação anterior, será assumida; do contrário, será rejeitada ou adotada de forma fragmentária e frequentemente inadequada.

Segundo Hernández (1998), a atitude de rejeição e resistência dos professores em relação à aprendizagem decorre da consideração social de sua profissão, visto que os docentes ainda são tidos, muitas vezes, apenas como um instrumento de aplicação dos saberes produzidos por outras instâncias. Além disso, a formação que receberam ao longo de sua trajetória profissional e pessoal também influencia diretamente a relação dos professores com os novos conhecimentos.

Surge, assim, um aspecto importante a ser analisado e que se refere aos impedimentos revelados pelos professores diante de uma situação de aprendizagem, fazendo-os rejeitar novos conteúdos ou incorporá-los de maneira incompleta e fragmentada.

Ao longo de sua experiência como formador de professores, Hernández (1998) observou algumas atitudes docentes que se configuram como obstáculos à sua aprendizagem. A primeira atitude foi denominada por ele *refúgio no impossível*, em que consideram os novos conhecimentos válidos, mas utópicos e difíceis de serem abordados, seja por falta de material, de tempo ou de capacidade do professor. Esse tipo de atitude revela a descrença, por parte dos professores, no seu papel de retradutor e transformador de novos saberes, adequando-os à prática em sala de aula (ou o desconhecimento desse papel).

Uma segunda atitude de resistência esboçada pelos professores em situação de aprendizagem, segundo o autor, é o "desconforto em aprender", quando alegam que aprender exige muito esforço e é coisa apenas para as crianças. Esse comportamento é reflexo de uma concepção de professor como detentor de todo o saber, sendo desnecessária uma atualização e um aprimoramento. Com isso, ignora-se a natureza dinâmica dos conhecimentos.

A terceira atitude observada por Hernández é a crença de que "a revisão da prática não resolve os problemas" e que o ideal seria apenas dizer o que deve ou não ser modificado nas suas ações. Novamente, é possível perceber a desconsideração dos professores do seu papel como produtores de saberes provenientes da prática pedagógica e por ela legitimados, mas que necessitam de uma constante reflexão e avaliação de sua pertinência e eficácia no trabalho em sala de aula.

Outra atitude é a que se refere à "ameaça à identidade profissional". Nesse caso, o professor considera qualquer tentativa de mudança um atentado contra sua experiência, seu esforço e seus conhecimentos. Aparece quando os professores não percebem nos cursos de formação contínua uma valorização de seus conhecimentos e sua experiência prévia, sendo convidados apenas à mudança, ao novo, à renovação e à inovação.

A última atitude constada por Hernández é a revelação, pelos professores, da crença em uma separação da teoria e da prática, cabendo a primeira unicamente à universidade, que deve produzir novos conhecimentos. Nesse sentido, a função do professor seria aplicar esses saberes na prática cotidiana. Esse comportamento não só atenta, mais uma vez, para a falta de reconhecimento do professor de seu papel perante o saber, como também revela a pouca importância dada aos conhecimentos específicos, levados do âmbito da formação para o trabalho docente.

Desse modo, podemos dizer que as atitudes de resistência dos professores em uma situação de aprendizagem influenciam diretamente a maneira como eles se relacionam com os novos conhecimentos trazidos em âmbito de formação e que, muitas vezes, são negados e rejeitados de maneira que não sejam incorporados na prática cotidiana.

A formação contínua

Embora os argumentos de Shulman, Tardif e Hernández possam soar desanimadores, é importante frisar sua contribuição para que possamos "manter os pés no chão" e não sonhar com transformações miraculosas por meio de ações formativas, quaisquer que sejam. Há que se manter viva a ideia de que a profissão docente, assim como muitas outras, mantém íntima relação com a sociedade e com as práticas culturais que nela habitam.

Gimeno Sacristán (1995) classifica como ilusório o pensamento de que a profissão docente seja autônoma e não possua relação com as demais instâncias sociais. Pelo fato de ser uma prática institucionalizada, o papel dos professores e as suas margens de autonomia são configurações históricas baseadas nas relações que foram estabelecidas entre a burocracia que governa a educação e os docentes. "A prática da educação existiu antes mesmo que tivéssemos um conhecimento formalizado sobre a mesma e é anterior ao aparecimento dos sistemas formais de educação" (p. 69).

A prática educativa não pode ser totalmente atribuída ao professor, pois este depende de outros fatores burocráticos e culturais. A atividade de ensinar tem concepções diferentes, dependendo do contexto social em que se insere. "Educar e ensinar é permitir um contato com a cultura [...], trata-se de um processo em que a própria experiência cultural do professor é determinante" (p. 67). Além disso, não são só os próprios professores que produzem o conhecimento que será ensinado e determinam as estratégias práticas de ação; afinal, há uma prévia elaboração técnica dos currículos por especialistas que limitam a ação do professor apenas ao âmbito da sala de aula, quando esse currículo é posto em prática. Essa prática, burocraticamente controlada, dá origem a um sistema de dependência, dos profissionais, de fatores exteriores, de modo que os problemas detectados pelos docentes são, sobretudo, problemas de adequação/conflito com essas condições externas.

Consequentemente, a dependência causa a sensação, por parte dos professores, de impotência e incapacidade de promover mudanças significativas que desencadeiem a melhoria da qualidade dentro da instituição em que trabalham. Assim, é cada vez mais importante a valorização do professor como um profissional responsável pela situação atual da escola e pelas possíveis mudanças necessárias para a sua melhoria.

Veiga (1996) alerta para a necessidade de a comunidade escolar assumir suas responsabilidades, sem esperar que as esferas superiores tomem essa iniciativa. Para tanto, coloca como primeiro passo a articulação entre as diferentes concepções (de governo, sociedade e comunidade escolar), de maneira que garanta uma prática coerente e coesa dentro da escola e atenta para a importância da discussão coletiva como forma de buscar a melhoria na qualidade de ensino. Qualidade que, para a autora, não pode estar associada a interesses de minorias econômicas; é preciso, sim, propiciar a "qualidade para todos".

Nesse sentido, as unidades escolares precisam usufruir de certa autonomia na construção e na efetivação do projeto pedagógico para que se possa verdadeiramente contemplar os interesses de cada comunidade escolar. Assim, caberia aos órgãos superiores não mais trazer modelos "prontos", mas sim estimular as inovações e coordenar as ações pedagógicas planejadas pela própria escola.

> O projeto político-pedagógico, ao mesmo tempo em que exige dos educadores, funcionários, alunos e pais a definição clara do tipo de escola que intentam, requer a definição de fins. Assim, todos deverão definir o tipo de sociedade e o tipo de cidadão que pretendem formar. (Veiga, 1996, p. 17)

Embora os professores se sintam incapazes de promover mudanças necessárias para a melhoria da qualidade de ensino, há indícios de que eles reconhecem a importância da discussão, da reflexão e do trabalho coletivo como formas de criar condições para que essas mudanças possam realmente vir de fato a ocorrer.

> O fulcro para a realização dessa tarefa será o empenho coletivo na construção de um projeto político-pedagógico e isso implica em fazer rupturas com o existente para avançar. ... Há que se pensar que o movimento de luta dos educadores é indispensável para ampliar as mudanças que se fazem necessárias dentro e fora dos muros da escola. (Veiga, 1996, p. 33)

De acordo com Mizukami e Reali (2005), a partir de suas experiências passadas como alunos, os professores desenvolvem ideias que orientam suas práticas futuras. Assim, se essas ideias não são alteradas durante o período de formação, as experiências subsequentes como professor possivelmente as reforçam, consolidando ainda mais suas compreensões sobre o ensino e reduzindo a possibilidade de qualquer mudança posterior nessas ideias.

Apesar disso, alguns entrevistados relataram uma ruptura com o seu processo de formação inicial: afirmam ter recebido uma formação com a qual hoje já não concordam e, por isso, agem de forma diferente dos seus professores anteriores.

Segundo Zeichner (1992), citado por Mizukami e Reali (2005), a aprendizagem profissional de professores envolve mudanças internas que estariam estritamente vinculadas a situações em que novas aprendizagens podem ocorrer. Assim, crenças e concepções tanto podem servir de barreiras para mudanças como podem oferecer quadros de referência e até mesmo compor pontos de partida para interpretar e avaliar novas informações.

Desse modo, antes de propor novos conteúdos, é preciso considerar os conhecimentos, concepções e experiências prévios desses professores e tomar isso como um ponto de partida e de referência para futuras aprendizagens. Além disso, por ser um processo que envolve mudanças internas, é necessário que primeiramente haja a disponibilidade e a motivação por parte dos professores em aprender.

Há que se levar em conta que, muitas vezes, os professores reconhecem tão somente a natureza prática de seu trabalho, sentindo-se meros "aplicadores" dos saberes provindos de outras instâncias, tais como as universidades e as secretarias de educação.

Essa concepção é reflexo do paradigma conhecido por racionalidade técnica, que, segundo Monteiro (2001), trabalha com a ideia do professor como um instrumento de transmissão de saberes produzidos por outros (especialistas e pesquisadores). Assim, o saber científico encontra no professor um profissional habilitado – com sua competência técnica – para proporcionar a sua compreensão por parte dos alunos.

Embora ainda presente no imaginário e na prática social de muitos educadores, esse paradigma tem sido bastante questionado na medida em que nega a subjetividade do professor como agente no processo educativo e ignora o fato de que a atividade docente lida com conhecimentos tácitos, pessoais e que só podem ser adquiridos por meio do contato com a prática, mobiliza-os e cria-os (Monteiro, 2001). Por essa via, o saber científico não é questionado. É tido como conhecimento universal que está posto nos currículos ou livros didáticos, para ser ensinado.

O não questionamento do saber científico acarreta como consequência uma falta de questionamento também no que se refere às práticas propostas, e os professores, cada vez menos, percebem a importância de refletir sobre aquilo que estão fazendo.

Schön (2000) oferece uma contribuição importante sobre o tema quando coloca o professor como um profissional reflexivo, introduzindo dois conceitos diferentes de reflexão: a reflexão na ação, em que o professor, diante de uma situação inusitada e insolúvel com a aplicação de técnicas já conhecidas, reflete sobre suas ações para buscar a melhor solução possível; e a reflexão sobre a ação, que implica um olhar retrospectivo e a reflexão sobre o que já foi realizado. Para o autor, qualquer desses tipos de reflexão é de suma importância para o trabalho docente na medida em que possui uma função crítica dos conhecimentos já previamente adquiridos e pode fornecer caminhos futuros para a melhoria da prática.

Mizukami e Reali (2005) nos recordam que, em nossa sociedade, desde cedo, estamos rodeados pela família e, posteriormente, por professores. Essas experiências auxiliam na modelagem de tendências pedagógicas de futuros professores, tendo em vista que cada uma dessas categorias de pessoas constitui agências primordiais de socialização do sujeito no mundo ocidental.

> Os pensamentos e as ideias sobre educação, escola, salas de aula, ensino, aprendizagem e família de alunos, derivados de experiências passadas, parecem influenciar fortemente as bases das práticas docentes. Parecem, ainda, servir como um

> filtro para as novas informações, de modo que crenças culturalmente sustentadas são frequentemente reforçadas em vez de confrontadas. (p. 125)

Os professores possuem concepções a respeito da disciplina que ensinam, da escola e do que seja ensinar muito antes de se tornarem profissionais da educação. De acordo com Shulman ,citado por Mizukami (2004), não procede a suposição de que os professores ou saibam ou não saibam algo. Eles sabem de diferentes formas e com diferentes áreas de especialização e familiaridade. No entanto, essas concepções prévias são mais limitadas e tornam-se mais aprofundadas, diversificadas e flexíveis a partir da experiência profissional refletida e objetivada.

Nesse sentido, é possível considerar os cursos de formação contínua um espaço onde se promove a reflexão e o aprimoramento das concepções definidas ao longo da trajetória do professor.

Para Schön (2000), os problemas da prática não se apresentam de maneira delineada e com estruturas bem definidas, mas aparecem como um caso único, que transcende as categorias da teoria e da técnica existentes. Para tratá-los, o profissional deve dispor de um tipo de improvisação, inventando e testando as estratégias situacionais que ele mesmo produz.

Tardif (2002) compartilha desse pensamento afirmando que todos os dias os professores são submetidos a situações que exigem improvisação e habilidades pessoais que não são tratadas nem abordadas em cursos de formação e que não são solucionadas com os conhecimentos científicos. Afinal, em alguns casos o que se exige do professor é "não um saber sobre um objeto de conhecimento, mas a capacidade de se comportar como sujeito, como ator e de ser uma pessoa em interação com outras pessoas" (p. 50).

Tardif ainda salienta que é por meio das relações com os pares e do confronto entre os saberes produzidos pela experiência coletiva dos professores que os saberes da experiência adquirem certa objetividade. Nesse sentido, os docentes não são apenas agentes da prática, mas também formadores na medida em que partilham esse saber prático. Novamente se ressalta aqui a importância de cursos de formação contínua como espaços para trocas de experiências e práticas desenvolvidas.

Como se nota, a literatura consultada nos ajuda a estabelecer alguns critérios para a instauração de uma política de formação contínua de professores. Apesar de favoráveis, os autores são implacáveis no atendimento aos princípios relacionados a seguir.

O primeiro se refere à necessidade permanente de discussão a respeito da formação de professores, despertando para a consideração dos aspectos relacionados aos saberes docentes, sua construção e sua mobilização na prática em sala de aula. Como atentou Altet, citado por Perrenoud (2002), a concepção que se faz do papel do professor em sala de aula norteia toda uma metodologia de trabalho em cursos de formação. Desse modo, antes de qualquer debate acerca de métodos e projetos desses cursos, é fundamental que haja uma real reflexão a respeito do papel dos professores, da sua função e da natureza de seus saberes, de maneira que os valorize como sujeitos ativos quando envolvidos em um processo de aprendizagem.

Indicando que nem sempre esse tópico é considerado, Kramer (1997) afirma que é comum exigir do professor um trabalho em sala de aula que favoreça a construção e a aquisição dos conhecimentos por parte dos alunos, mas, ao mesmo tempo, quando os docentes se encontram em situação de aprendizagem não são desafiados a construírem seus conhecimentos e são reduzidos a executores de propostas e projetos produzidos por outras instâncias. É importante destacar que a discussão a respeito do papel do professor e as suas concepções enquanto alunos em uma situação de formação inicial ou contínua refletem diretamente em seu trabalho em sala de aula.

Outro princípio fundamental é a necessidade de as políticas de formação contínua trabalharem com conhecimentos relacionados ao objeto de ensino em sala de aula, uma vez que só serão realmente colocados em prática na medida em que os professores se sintam seguros o suficiente para desenvolver seu trabalho. Os cursos de formação precisam ser capazes de abranger de maneira clara e explicativa os conhecimentos específicos.

Os eventos de formação precisam, também, atentar para os aspectos que extrapolam a dimensão cognitiva do sujeito, considerando os fatores sociais, culturais e afetivos, buscando, em sua metodologia, valorizar a experiência prévia de cada aprendiz. Ao longo de sua trajetória profissional e pessoal, os professores constroem concepções acerca do mundo, das pessoas, dos alunos, do processo de ensino-aprendizagem, dos conteúdos, que em uma situação de aprendizagem interferem positiva ou negativamente na assimilação de uma nova informação. Valorizar a experiência prévia significa conhecer os sujeitos para quem se fala e dar voz a eles, para que apresentem suas dúvidas, angústias, conquistas e seus conhecimentos já adquiridos.

Os professores se posicionam diante de novos conhecimentos de forma singular, com base em seus conhecimentos prévios, e alguns apresentam barreiras à aprendizagem, que tendem a ser minimizadas à medida que conseguem se reconhecer como produtores de saberes, que, diferentemente dos saberes científicos produzidos em âmbito universitário, são frutos da experiência prática em sala de aula. Enquanto os saberes experienciais não forem reconhecidos pelas esferas acadêmicas ou pelos próprios professores, a distância entre os saberes disponibilizados nos cursos de formação e aqueles mobilizados na prática pedagógica tenderá a crescer. Isso porque a prática profissional nunca é um espaço de aplicação dos conhecimentos universitários. Ela pode ser tanto um processo de filtração que os transforma em função das exigências do trabalho quanto um muro contra os conhecimentos universitários, considerados inúteis e sem relação com a realidade da sala de aula (Tardif, 2002).

Desse modo, parece necessário que os pesquisadores universitários trabalhem cada vez mais em conjunto nas escolas e nas salas de aula, com a colaboração dos professores, que devem ser vistos não apenas como objetos de pesquisa, mas também como colaboradores e copesquisadores. Por seu lado, os professores precisam também adentrar o espaço da universidade, participando de diversas maneiras da formação de seus futuros pares.

Referências

GATTI, B. Formação continuada de professores: a questão psicossocial. *Cadernos de Pesquisa*, São Paulo, n. 119, p. 191-204, jul. 2003.

GIMENO SACRISTÁN, J. Consciência e ação sobre a prática como libertação profissional dos professores. In: NÓVOA, A. (org). *Profissão professor*. Porto: Porto Editora, 1995. p. 63-92.

HERNÁNDEZ, F. A importância de saber como os docentes aprendem. *Revista Pátio*, Porto Alegre, n. 4, p. 8-13, fev./abr. 1998.

KRAMER, S. Propostas pedagógicas ou curriculares: subsídios para uma leitura crítica. *Educação & Sociedade*, Campinas, v. 60, p. 15-35, dez. 1997.

MIZUKAMI, M. G. N. Aprendizagem da docência: algumas contribuições de L. S. Shulman. *Revista do Centro de Educação*, Santa Maria, v. 29, 2004, p. 1-13.

MIZUKAMI, M. G. N.; REALI, A. M. M. R. (orgs.). *Processos formativos da docência*: conteúdos e práticas. São Carlos: EdUFScar, 2005.

MONTEIRO, A. M. F. C. Professores: entre saberes e práticas. *Educação & Sociedade*, Campinas, ano 22, n. 74, p. 121-42, abril 2001.

NUNES, C. M. F. Saberes docentes e formação de professores: um breve panorama da pesquisa brasileira. *Educação & Sociedade*, ano 22, n. 74, p. 27-42, abr. 2001.

PERRENOUD, P. *A prática reflexiva no ofício do professor*: profissionalização e razão pedagógica. Porto Alegre: Artmed Editora, 2002.

SCHÖN, D. *Educando o profissional reflexivo*: um novo design para o ensino e a aprendizagem. Porto Alegre: Artmed, 2000.

TARDIF, M. *Saberes docentes e formação profissional*. Petrópolis: Vozes, 2002.

VEIGA, I. P. A. *Projeto político-pedagógico da escola*: uma construção coletiva. Campinas: Papirus, 1996.

SOBRE O LIVRO:
Formato: 14 x 21 cm
Mancha: 9,2 x 17 cm
Tipologia: Lapidary333 BT
Papel: Offset 90 g
nº de páginas: 192
2ª edição: 2010

EQUIPE DE REALIZAÇÃO
Edição de Texto
Nathalia Ferrarezi (Assistente-editorial)
Juliana Maria Mendes (Preparação e copidesque)
Augusto Iriarte (Revisão)

Editoração Eletrônica
Renata Tavares (Capa, projeto gráfico e diagramação)

Impressão
Cromosete Gráfica e Editora Ltda.